JN197596

成功するプロジェクトの成功してしまう理由

原口直規
NAOKI Haraguchi

文芸社

はじめに

皆さんは日々の生活のなかで何か問題はないでしょうか？　世の中はずいぶん進んだはずなのに、未だにさまざまな問題が発生していると感じませんか？　例えば所属する組織のなかで、完全にうまく滑らかに活動が進んでいるでしょうか？　何かしら引っかかって停滞したり、方針が決まらなかったり、進められなかったりということが少なからずありませんか？

また、皆さんの周りに少しおかしいと感じる人や会社がありませんか？　でも自分自身も多少は影響されていて、良いほうに相手を導けないということはないでしょうか？

実はそれらには原因があるのです。世の中が複雑化していく一方なので、それをうまく整理しないと問題が発生しますよね。もし世の中が本当の意味で整理できておらず、理解されていないとしたらどうでしょう。本当に正しいと信じられる方向性がないと、なかなか力強く進んでいけないのではないでしょうか。

私は多くの問題が整理不足または誤解によって発生していると考えています。

少し見方や考え方を変えるとまったく違う世界が見えてきます。実は〝うまく動くチー

ム や組織は同じ形をしている〟というと、どう感じますか？　本書で提示させてもらう知識は人間関係や自分の生き方を見直す材料を目指すものです。例えば会社や所属組織などでの人間関係が改善するかもしれません。自分の周りの人間関係も改善するかもしれません。自分の能力や健康度も改善するかもしれません。それによって自分の幸福度も上がるかもしれません。少なくとも私は最近自分の人生を整理し直し、この本にその一部をまとめた内容によってずいぶん楽になりました。私の周りの職場へも紹介しました。そのなかでも多くの気づきを得た人たちがいます。ここにある話を参考に自分の環境を再発見することを、あなたのために希望しています。

もくじ

第3章　モデルを組み合わせていく

プロジェクトのサイズでその最適形が変わります。あなたはベストのチームにいるでしょうか？

第6章 類型化できる理由は脳科学の進歩でわかった。メタ脳トレーニングをしよう

序　章　プロジェクト改善の経験

——プロジェクトとは人間の行う活動のなかで、その人にとって普段あまりやったことがない仕事をなんとか成功させようとして頑張る活動のことです。なんとか成功する（英語でmanaged to do～）という意味でその専門家をプロジェクトマネージャーと呼びます。

本論に入る前に少し自己紹介したいと思います。私はそもそもプロジェクトの虫というかプロジェクトが非常に好きな人間です。

私は子供のころはいわゆるラジオ少年というやつで、雑誌に載っている回路や電子ＫＩＴなどを電気工作で組み立て、ラジオや電子玩具を作って遊んでいました。あまり経済的に裕福というわけではなかったので、少ない小遣いからどうやれば一番面白い工作ができるか知恵をひねったものです。これが私のプロジェクトマネージャー（略してプロマネとかＰＭとかいいます）の原点で、少ないリソースを管理していかに最大限の成果（この場合作る喜び、動かす楽しみといったものですが）を得るかを常に考える習慣をつけることができました。

小学校高学年から高校卒業くらいまでこのように過ごし、ラジオとかアナログ回路からその当時はやりだした今のパソコンの原点のマイコンキットなど、ディジタル回路のほうに流れていきました。このような1人プロジェクトを十数件くらいやってきました。そのなかで最大のピンチは私が高校2年生のころ、「テーブルテニス」というTVゲーム用のICチップを通販で買って手作りゲーム機に組み込もうとしたところ、発注直後にその販売会社が倒産してしまった時です。

ケースや部品を載せる基板など、できるところを半分以上作った状態だったので正直途方にくれました。ずいぶん労力やお金を使ってしまったのに、中心となるICチップがなければただのガラクタです。ICチップはLSIといって、ゲーム機の心臓や脳というべき部品でテニスボールを打ち合う画面を作って表示してくれるものです。大規模集積回路(large-scale integration)の略で今のパソコンの中心となる部品のご先祖様にあたります。

自分で電気工作作品をいろいろ作ってきて工作技術には自信がつき、最高の仕上がりにしようと思っていたので、つい先走ってゲーム機本体をどんどん作ってしまったのです。非常にがっかりしました。というのは所詮たかが高校生が趣味で1個だけ発注したものなど、そんなに大事にされるはずがないし、入手は絶望的だと思ったからです。自分の見込みの甘さを後悔していました。主要部品が確実に手に入る状況でないのに作業を進めてしまうことは、全体の計画の時間短縮にはなりますが、失敗してしまうリスクも高い行為だったのです。

このころ私はリスク管理という言葉は知らなかったのですが、リスクを予見・予測することの重要性を学びました。

ところがそれから1か月後あまり、とっくに倒産しているはずなのに、その会社の包みで約束のLSIが届いたのです。落胆していた私は生気を取り戻し、めでたくゲーム機の完成に漕ぎ着けました。その後大学生くらいまでそのゲームで遊んだ記憶があります。LSIが届いた理由ですが、きっと仕事に打ち込んでいるご担当者の責任感が、そうさせたのでしょう。私はこの一件から、人の仕事への意欲は信じられるものと考えるようになっています。

その後大学で研究室に所属するとコンピュータサイエンスの先生に師事するようになり、マイクロプロセッサの基板を作り、複数結合するマルチプロセッサの研究をするようになりました。ハードウエアだけでなくその上で動くプログラム、ソフトウエアもやるようになりました。私は情報系の技術者の道に進んだのです。

この大学時代に大きなプロジェクトに参加した経験があります。クラブ活動としてSF（サイエンスフィクション）研究会に所属していて読書会等やっておりました。そこに関西全域の大学SF研究会連合で日本のSF大会を開く企画がありました。

前回大阪でやったコアなメンバーが是非もう一度の意気込みで、わずか2年後に規模を従来の800人から4000人にするという意欲案をドライブフォース（推進力）にして、全国持ち回りで運営するはずなのに、強引に再度大阪で開こうとするプロモーション活動を実施していました。

この時の関係者は後に世に出た方が多く、アニメや特撮映画の監督を歴任されたり、アニメ制作会社を設立したり、日本の特撮モデルイベントの仕組みを立案・実行されたり、ヒットゲームメーカーになったり、サブカルチャー作家になられたりと非常に行動力に優れた方々でした。常に雰囲気やノリが良くなるように、かつそれを意図していると気づかせないように動き、多くの人間をうまくリードしていく先のSF研先輩方のスタイルは、その後私の行動の基本になっています。もちろん諸先輩方の見事さには遠く及びませんが。

また、無理を道理にするためのプロモーション（2本の8ミリ映画（特撮映画）制作、全国プロモーション行脚など）の成功により、無事開催された大会も数千人規模の運用を学生だけでこなしました。また、大阪市宗右衛門町付近では８００人もの合宿もほぼ無難にこなし、非常にうまいプロジェクトであったと思いました。私は手伝いをしていましたが一応学業と両立だったたし、技術者になることは決めていたので、あまりどっぷりと関わりませんでした。

前記の主要メンバーである諸先輩方は大学中退など当たり前の覚悟でのめり込み、店を作り、会社を作り、映画などのフィルムもどんどん作って売り込み、プロの世界に飛び込んでいかれました。

私はこの煌めく世界には入っていけなかったのですが、それらの影響を受け、就職先は宇宙開発ができるところを選んでしまいました。

会社入社後は運に恵まれいくつかのプロジェクトに取り組みましたが、５年もかかるようなものが多く、長期にじっくり行うという今までと大分違う方向性のプロジェクトに従事しました。

人工衛星搭載エレクトロニクスやスペースシャトル、宇宙ステーション関連エレクトロニクスをやらせてもらい、数千人規模のプロジェクトの一端も経験しました。日本の取りまとめのメインコントラクター（主契約会社）で中心となるプロマネの方々はいずれも素晴らしい人物で、その動き方を参考にプロジェクト管理の勘所をつかませていただきました。

驚いたのは97年にＮＡＳＡに行った時、私のプロジェクト（スペースシャトルでのロボットアーム動作実験）のプロマネは20代後半か少なくとも30代前半の長髪をきれいにカールしたプラチナブロンドの男性でした。いくらなんでも若すぎないか？　それに日本のプロマネは日々悪戦苦闘で髪など掻き毟ったり、振り乱したりしている人こそいるものの、おしゃれな人など見たことがありませんでした。仕事を進めるにつれ、決まったやり方で清々と進める感じで「ああこのスタイルならこういうプロマネもありなんだ」と思いました。

仕組みが完備しているので、経験面で不足だとしても高い業務能力でプロジェクト管理ができると知り、その完成度に驚きました。１９６０年代から30年以上に亘ってプロジェクトの実施、管理の技術は体系的に積み上げられており、それに乗っかればある程度できてしまうという凄いシステム技術体系がアメリカにあったのです。

シャトルでの実験運用にも加わり、宇宙ステーションの船長をやられた宇宙飛行士の方ともチームで仕事ができ、非常に参考になりました。

ただ知識のドキュメント化はされているのですが、考え方はすべて人間系で伝承されており、そのまま民間に出ていっているわけではないことが問題であることを後に感じました。

この宇宙開発時代の10年間のなかで、私が最も優れていると尊敬しているPMにも出会いました。それは他社の方で仮にWさんとしておきます。自分自身や他のPMと動きに少し違うところがありました。皆さんはプロマネというと書類を一杯作ったり、自分でぐいぐい引っ張っていったり、舌鋒鋭く議論上手などのイメージをもたれるかもしれませんが、Wさんの場合どちらかというとソフトで、やり方はこちらに任せてくれるようなタイプでした。ここまでは他にもよくいるタイプなのですが、ここからが違います。奇妙なことに彼はすべての会議に出ているように感じました。なんだ、そんなことかと思われるかもしれませんが、宇宙開発はプロジェクトの規模が大きく数百億円、数千人などという規模になってしまいます。

このようなプロジェクトだと会議の数も半端ではなく、実際にすべてに出るような真似は不可能と言ってもいいでしょう。それでは先ほどの話はどういうことか。どうも何かしら問題がある会議には出ていて主役を張っているような感じだったので、いつも私はWさんの存在を感じていた、というところでしょうか。

Wさんはいろんな会議に出ているのですべての細目がわかっているはずはないし、実際わかってはいなかったようです。私が自分のパートの説明をすると「ああ、そうなっていたんだね」とか仰っていました。つまりこのような参加者は、普通は会議のお荷物かオブザーバーのはずなのです。しかし、いつの間にかWさんが主役になっていることがしばしばありました。その後の自分の経験のなかで、いろんなことを知っていてその知識で皆を引っ張るリーダーにはたくさん会いましたが、わかっていないのに引っ張るWさんのようなリーダーは数少なかったと思います。

その具体的なやり方ですが、問題がある会議というのは進みが遅く、いらいらさせられるものです。そのような会議をすっきり進めてくれる存在といえるでしょうか。

まず、難題にぶち当たっている人たちの会議では一緒に考えてくれます。実は先ほどの「わかっていないWさん」というのは彼一流のフェイクだったのかもしれません。博識なので、なんでもわかっているWさんが、わかっていないオッドマン（門外漢なのに知りたがる素人）のふりをして全体を丁寧に説明させて、ホワイトボードに書いていたような気がします。すると、難しそうな話で入れなかった会議参加者全員を巻き込みやすくなり、話しやすい雰囲気を作ることで、皆で解決策を考える状況となります。考えなさいとか命じるのではなく考え始める姿勢を自ら見せることで周りを誘導し、解決の中心を一時的に掌握します。自らゼロベースで入っていくことで会議の底上げをするという手法ですね。

　このようにして皆が問題の調査方法や解決方法を考え始め、議論が回り始めると、彼は聞き役に回ります。全体を見ている広い視野から知識面でのアドバイスということももちろんしていただいたのですが、メンバーをうまく乗せて動かすという点が特徴的です。他にも問題があったり、議論がヒートアップしたりしている時は裁いてくれます。例えばあることが重要だ、いや重要じゃないと水掛け論をしているとします。その時、さっと割って入って「Aさん、Bさんはこういう立場でこういう気持ちだとこれが重要だと話しているよ。あなたは逆の立場だからそれがわかっていないんじゃないの」とずばりといいます。相手が「確かにわかっていませんでした。そういうことでしたらそうですね」と返して課題が瞬時に解決してしまいます。

　私には謎でした。また、私が製品で不具合を出してトラブルを起こしている時、忙しいので皆私に非難口調で話してくるのですが、彼だけはなぜか本来他社で味方でもない私を励ましてくれます。励ましの御蔭で自分の緊張状態が解け、普段のペースで仕事ができるようになったことが何度かありました。この経験の後、私は意識的＋無意識で彼のやり方を真似するようになったようです。そこで見えてきたのは実は会議の議論の大半はつまらない認識のすれ違い、誤解で、Wさんのようにすぐに終わらせられるもののほうが多く、それも8割から9割に達する勢いであることです。

こういうといくらなんでも嘘だ、オーバーな表現だと思われるでしょうが、本当に細かい引っかかりを含めると事実に近いと思っています。なんとなく進みが悪いのを我慢している会議は大体そうです。例えば何のためによばれたのかよくわからない参加者がいるとします。会議開催者が、彼がなんでよばれたのかわかっているものと思っていれば、もうその会議は進みが悪くなります。日本人は相手を思いやる気持ちが強いのでそれが裏目に出て、お互い相手の出方の探りあいになったりするのですね。探りあいに終始して会議が終わったりすることすらあります。もちろん難しいプロジェクトを進めるための会議がこうなっていっては話になりません。

大きいプロジェクトほどいろいろな人が集まるので、その分先に述べたような本当はつまらない揉めごとが多くなります。しかし、揉めごとが多いまま放置してしまうとそのプロジェクトにいわゆる〝負けている感〟が漂ってきます。それは〝頑張っても仕方がないからなりゆきに任せよう〟という雰囲気であり、伝染性があるのでプロジェクトの進行が急速に遅延し始めます。先送りが蔓延し、落ちるところまで落ちてから救援隊が入って、なんとかリカバリー、またはとんでもない展開になってしまうことがあるのです。

それを防ぐことこそが高難易度プロジェクトの運営で最も重要だったのです。

以前所属していた組織で数十年前に改善活動を始めた方が〝私は油さしである〟という言葉を書き物で残されていました。私にはなんのことか理解できませんでした。しかし頭の中に引っかかり、なぜか忘れられないでいたのです。しかし最近ようやくわかってきた気がします。先ほどのつまらない揉めごとがたくさんあるのに、無理やり進んでいるプロジェクトは赤さびた自転車がキーキーいっているのに、強引にペダルを漕いでいるようなものです。力任せに進むことは進むのですが、酷くなる一方でいずれは破綻する。それは無理押しにすぎないのです。

メンバーの悲鳴、ため息、凍りついた表情などきしみ音を無視すると急速に悪化してしまいます。確かに〝油をささないと〟いけません。

Wさんが私のなかではこの〝油さし〟が最もうまかった人ですが、先に述べた尊敬する先輩リーダー、プロマネたちも少なからず、このような動きをしていました。ユーモア溢れる言動で周りを乗せてしまうとか、皆が固まってしまうような難局を驚天動地のアイデアで突破するなど、それぞれの特殊能力のようなもので動くところはありましたが、負けかけているプロジェクトを勝たせる状態に演出して、有利な状況を作り出すという点では同じだったかもしれません。

なんだかわからないながらも真似をした愚鈍な私も10〜20年以上経って自覚できてきた、ということになります。

00-01 2010年、宇宙ステーション運用にて

実は前記のWさんと実行したプロジェクトは数奇な運命をたどります。スペースシャトルで実証実験をしてから、シャトル事故、ロケットの打ち上げ失敗等の影響でロボットアーム（我々はJEM、子アームと呼んでいました）打ち上げが遅れに遅れ、なんと私が参加してから10年以上も後に打ち上げられることになってしまいました。

一時は予算削減のあおりで打ち上げ自体をキャンセルするという話すらあったらしいですが、なんとか打ち上げに漕ぎつけたようです。ただし、退役まぢかになっていたスペースシャトルではなく、日本製無人輸送機で、しかも元の形では入らなくなったのでバラバラにして……。

いつの間にか緊急メンテナンス用の形が打ち上げ形態になっており、宇宙飛行士にキットよろしく、宇宙ステーションのエアロック内側で組み上げてもらうことになっていました。私は既に宇宙開発から離れていたのですが、計画当初からの大きな変更によるトラブルで突然電話がかかってきました。「おかしいんだけどわからないか?」と聞かれました。対応しているうちに巻き込まれ、筑波にある宇宙センターで子アーム初期確認の立ち会いをすることになりました。当初呼び出された時の問題は既に解決していましたが、まだ小さい問題はありました。それをなんとか乗り切り、エアロックから取り出された子アームは親アームに結合を果たし、無事稼動となりました。日本の宇宙実験モジュール組み立ての最終段階にあたったらしく、完成記念会が行われました。そこで約10年ぶりにWさんに会いました。「あなたの真似をして仕事をさせていただいている」と感謝の言葉を伝えることができ、記念撮影にも入れてもらい非常にいろんな意味で感激しました。私の子アームは15年のプロジェクトとして完了しました。

00－02 データセンターでの停滞と周知活動の開始

これに先立つ数年前、宇宙開発を離れた私はいくつかのプロジェクトを経た後、大手携帯キャリアのセンター設備を担当するようになりました。ＷＥＢやメール等のデータセンターシステム現場で、プロジェクト全体の取りまとめ（年間十数件ほどのプロジェクト数でメンバーＭＡＸ３００名程度）を約10年やることになったのです。メンバーにも恵まれ今までの経験も活かせて忙しく充実した生活でした。

ところが、当初今までと同じように計画を立て、管理して進捗させ、問題があれば自ら解決するという方法で進めていったのですが、ある時点で限界に気づきました。どうも何度解決しても同じと考えられる問題が繰り返し発生するのです。

よくわからないながらも仕事の進めかたの工夫としていろいろ違うやり方を試すうちに、一番良くなるのは〝現場の活性化〟を視点に入れて教育指導している場合であることに気づきました。メンバーに自分と似たような考え方になってもらうと問題が激減するようなのです。そこで自分の技術の棚卸しを行い、ベストの改善案を探し始めました。それを使って教育指導に役立てればよりよくなるはずだと考えたのです。

そのなかで宇宙開発に従事した時代に一番うまくいった技術があって、なぜうまくいったのだろうと思って分析してみました。ソフトのモデル化技術なのですがこれを使ってレビューに臨むと、他では３回も４回も繰り返し実施していたレビューが大体１回で終わる。

バグも少ないということが起こっていました。その当時は謎で自分たちが優秀だからとか見当違いなことを考えていたのですが、見直したところ、どうも教科書レベルの技術を工夫した結果、たまたま新しい技術を生み出していたからであることがわかりました。

大規模なソフトウエアと人間の組織に共通点があることに気づいていた私は、これを現在のプロジェクトに応用しようと検討を始めました。Hモデルと名づけたモデル分析を進めるうちにどんどん新しいと思われる知見が増えていくことに気づきました。前記のプロジェクト経験を分析することで、ある一定の成果と思えるものになったのです。

この文書はまだ増え続けていく過程ですが、現状の到達点概要を説明する資料になります。中心となっているHモデルは可視化モデルであり、プロジェクトを部屋に例えると今まで部屋の中を見渡すしかなかったところが、上から見取り図として見ることができるようになった点が大きな違いになります。

人間の脳を模倣したコンピュータと思考方法を真似したソフトウエアは、脳科学の進歩とコンピュータサイエンスの進歩で段々人間工学と融合し、相互理解できるようになっていく方向が見えてきました。

もともと私はモデル思考と一般で呼ばれる方法で考える傾向があったようなのですが、ずっとＰＭ役をやっていたせいで、頭の中で無意識にプロジェクトをモデル化→共通化した問題（＝コンフリクト）がより少なくなる方向でそのモデルを修正、ということを繰り返していたようです。

再発見した可視化モデル技法を利用してモデルを描くと、答えが先にわかっているかのような状態でプロジェクトの実態記述が可能であることがわかりました。多くのうまくいった事例で共通するものを理想的なベースモデル、そこから外れるものを欠落または外乱と考えています。また、欠落、外乱で共通するものをプロジェクトの共通阻害要因として分析・原因究明・排除方針の提示を行っています。そのなかでモデルを使った相互動作の問題として阻害要因を捉えているので、一種のシミュレーション結果報告と呼ぶべきものとなっています。

ちょっと抽象的で難しい言い方をしてしまいましたが、個別にはそんなに理解しがたいものではありません。このＨモデル、ベースモデルの話を軸に本書は論旨を展開していきます。

第1章　ヒューマンモデル・ベースモデル—仕事の人間模様地図—

——私の人生で一番経験が長いのはプロジェクトの実行・管理でした。そこでこれをモデル化しようと思いました。前から考えていたことの1つに〝ソフトウエアは人間みたいなもので、ソフトのモデル化とプロジェクトのモデル化は同じだ〟というものがありました。

01-01 ソフトウエアのモデル化のうまいやり方

そもそもソフトウエアの名前はブラウザーやコントローラーなど人間扱いされるものが非常に多く、アクターモデルというソフトウエアを、役者として取り扱う設計方法が推奨される傾向があります。また人の集合体である多くの組織は、知的な情報の入力（インプット：申請書類や契約書、注文書）から知的な情報の出力（アウトプット：設計書、発注書など）をするのが仕事です。お役所などはもちろんですが、直接製造を行っていないほとんどの組織に当てはまるのではないでしょうか？　知的なＩＮＰＵＴから知的なＯＵＴＰＵＴを導くところは正にソフトウエアといえます。

そのためソフトのモデル化技法を自らの経験から引っ張り出してみました。

私が宇宙開発に従事していた際、宇宙開発事業団（現ＪＡＸＡ）に説明するためソフト説明記述方法を選定していました。推奨されている方法のなかにＤＦＤ、ＣＦＤで記述するというものがありました。これがなんとなく良さそうと思って採用したのですが、内容的にはアクターモデルの役者を各々○囲みで、間のつながりを線で、役者間で共有するメモを四角で書くだけの単純なものでした。

理解を簡単にするため役者がやりとりする簡単な例を以下に示します。

ＤＦＤ（データフローダイヤグラム）というのは役者の間でやりとりされる数字などを含んだメッセージを相手に流すイメージ図です。〝９時に２０１会議室でイベント会議です〟というようなメッセージだと【９時　２０１会議室　イベント会議開催】という３つのデータが入っていることになります。ＣＦＤ（コントロールフローダイヤグラム）はちょっと難しくて〝出席してください〟というようなアクションのお願いです。図１－１だと、Ａさんが口頭で話した内容に対してＢさんは後からメールで〝出席できません〟と回答し、Ａさんは別の人にまた出席依頼の説明をするというような流れが想定されます。

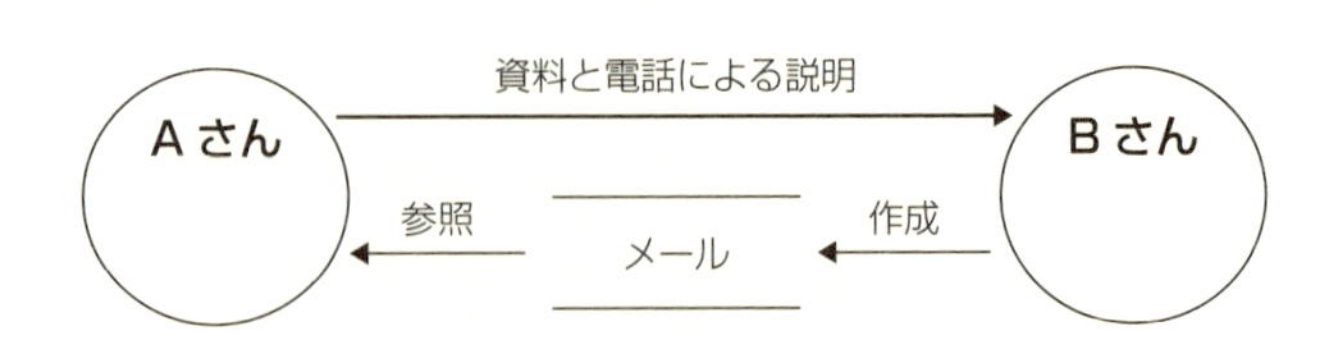

図1－1　ソフトウエア図面の一例　人間に例えたもの

ソフトウエアの動きがわかりやすくなると思って採用してみたのですが、世の中で当時広く使われていたわけではなく、定番の使い方が定まっていなかったのです。担当とどう書こうか議論しながら記述していった結果、独自のルールを2つ付け加えました。

1つ目はDFDとCFDは個別の資料として書くのが教科書上の書き方でしたが、〝DFD、CFDを合わせて1枚の図面〟にしました。これは片方だけにするとその図面がどこにもつながっていない、つまり人間でいうと誰とも会話していない人がいることになり、なぜその人がいるのかわからなくなってしまうからです。

2つ目は難しいプログラムを作ると、1枚の図面に入らなくなってしまうことがあったのですが〝図面に入らなければ各役者の役割分担を調整し、絶対に1枚の図面に入るようにプログラムを設計し直す〟ことにしました。これは複雑になりすぎると論理が追えなくなり、公式なレビューですべてを説明することができなくなったことが発生したからです。人間の認識に限界があると感じてひと目で追える範囲に限定するための工夫でした。

もちろん設計し直すといっても無理やり短くして図面に入るようにする、という意味ではありません。図面の中で複数の役者のやりとりが複雑になってくると、まとめて1個の○囲み（役者の集合なので所属する係や部といった組織ですね）にし、その中はいったん消して、その下の階層で係や部の中すべてを説明する図面を作るといった綺麗な階層化を行い、プログラムもそれに合わせて作ることでゴチャゴチャになるのを回避したのです。結果として1枚の図面を頂点とするピラミッド状の階層化図面として、ソフトの説明書は完成しました。

いったん宇宙に打ち上げると数千㎞の彼方となり、修正ができなくなることが多い宇宙用のソフト開発だったので、非常に時間がかかっても何度も綺麗になるまでモデル化を繰り返すという、その方法が有用と判断しました。自分としてはある意味〝贅沢三昧で無駄なことをやってしまった〟と思うところも大きかったのですが……。

しかし、結果としてこの活動は無駄どころか非常に有用だったということを20年経った今実感しています。

というのは、整理された綺麗なソフトになり、レビューやデバッグも普通にやるより早く済んだように感じているからです。むしろ非常に早く終わってしまって、連携している他社のソフトの完成をのんびり待つような羽目になってしまいました。その当時はこの方法が優れていたせいであるということに気づいていなかったので、自分たちが単に能力的に優れているなどと変な思い込みをしていたような記憶があります。

また、これは本書を書く時に気づいたことですが、どうも〝1枚に綺麗に収める〟というこだわりは、私が強く主張していたようです。というのも私の父は教育大学の美術それも油絵の教員であり、私は子供のころから父が1枚の絵を自宅や研究室兼アトリエで何日も直しているのを見ていたわけです。10年前の絵をまだ直していることもありましたし、無限に改善しそうだとも言っていました。この記憶に無意識に誘導されたような気がします。

先の2つのルールを入れたことで、この図面がソフトウエアで問題が発生した時のバイブルとして使えるようになっていました。役者の間のすべてのコミュニケーションが可視化されているので、このプログラムのこの機能は〝誰がどう対応している、誰が直接関係ある、この人とこの人は関係ない〟という、絞り込んで追うことが素早くできるようになったからです。

また役者が多いと図面に入りきれないのでいくつかの役者をまとめて上位（上の階層）の役者にしたり、ある役者の仕事が多すぎたりすると複数の役者に役割分担して階層化するなど、見やすくするために工夫をした部分も意味があったのです。当時は意識していなかったのですが、これは人間が大きな仕事をやるにあたって組織を作る、部署で手分けをするのと同じことだと気づいたのです。つまり組織で行動している社会人には役割分担は理解しやすいモデルであり、上司・部下・同僚・部署などの役割が明確、綺麗に設計された会社のようなものとして、ソフトウエアが取り扱えるようになっていたのです。これによって多くの人が関係するシステム検証、デバッグやレビューなどがすべて関係者全員に直感的に理解できるようになり、他と比較してスムーズにいったのだとわかりました。

01-02　擬人化モデルを本物の人間が行うプロジェクトに適用する

次にこれをプロジェクトに適用する方法を考えました。昔の資料を見た時にまるで役者間がデータフローでつながれているように書いてある例を見て、人間でも同じはずだと考えました。まず、ライン（上司―部下）の関係は〝あれをやれ、これをやれ〟という関係なので「ああ、コントロールだな」と気づきました。組織図はＣＦＤで描けるのです。でもデータフローも入れようとすると、やりとりが多いので図が煩雑になると思って少し迷っていたところ、一緒に仕事をしていた通信関係の技術者が作った教育用資料の説明がうまくできていました。彼にDFD、CFD、アクターモデルを使ってみるように勧めていたのですが〝担当―上長―その上長〟の関係線の上に〝審査、承認〟と書いてありました。審査や承認はドキュメントを元に読んでもらったり、面談したりといろいろコミュニケーションを繰り返して修正し、書類を通す作業です。彼はそれ全体がコミュニケーションのやりとりと気づき〝通信プロトコル〟と捉えてそう注記を入れたことがわかりました。〝プロトコル〟というのは「お約束の手続き」のような会話のことです。「乾杯！」というコントロールになぜか笑いを誘う前振りとか余計なデータがついていたり、終わったら拍手してくださいとかいろいろついて長くなったりする場合もありますが、肝心なのは〝乾杯〟です。他は定型手続き、すなわち〝プロトコル〟なのです。話の長い人に前もって「では乾杯の音頭をプロトコルなしでお願いします」といえば少しは短くなるかもしれませんね（気分を害されると思いますが……）。

単純なデータフロー、コントロールフローでは表現力が足りず図にしても線だらけになってしまいますが、人間やソフトウエアは定型プロトコルで通常やりとりし、その補助としてメモ帳（この場合は審査、承認してもらう資料）やデータ、コントロールを使うという方がより現実に近いとわかったのです。実は登録・申請など会社の業務は人間だけがやるものではなくなりコンピュータ上でも動くようになっていますが、そのソフトウエアの作り自体が扱う人間の動きと同じになっています。人類はコンピュータ、ソフトウエアを生み出したことで自分たちの考え方や行動パターンの比較モデルを入手し、それを無意識に活用してきたといえるのではないでしょうか？

このあたりの変換ルールなどについて学問的に正しく述べようと思って論文にしているのでご興味があったら参照ください*。

この方法で今までのプロジェクトのメンバーの構図を描いてみようと試みました。お客様や特徴的なチームリーダーたちの会話の構図を当てはめようとしたのです。するとまるで最初から答えがわかっているかのようにスラスラ描けることがわかりました。ソフトウエアのモデル名はアクター（役者）モデルですが、人間相手のモデルなのでヒューマンモデルと呼びます。これ以降では後に説明する理由もあって「Hモデル」と表記することにします。

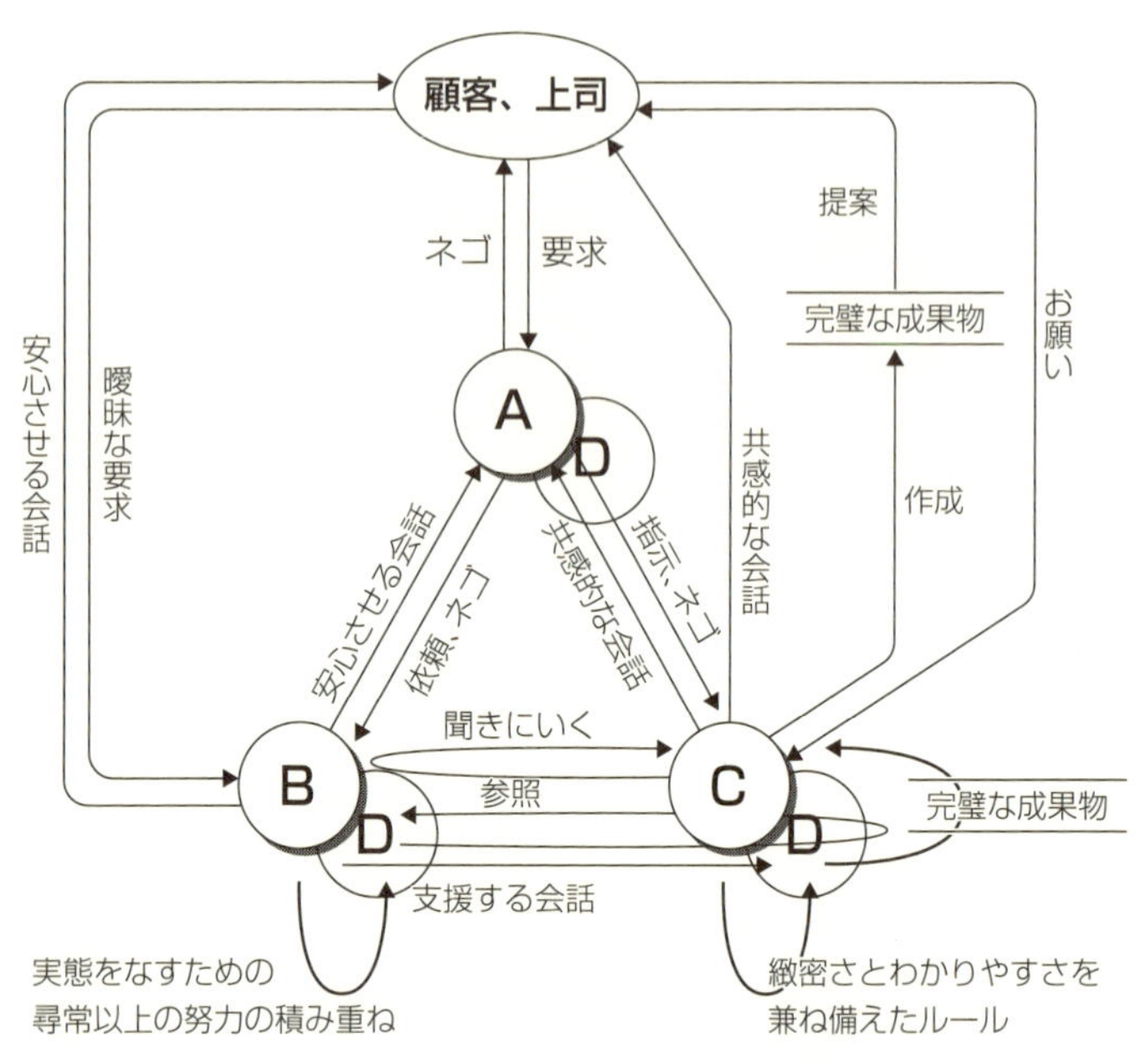

図1-2　プロジェクトのベースモデル(Hモデル)　高難易度プロジェクトの理想形

正規の書き方は別にあるのですが、わかりやすさ重視で書いたチームリーダーたちと、その相手のお客様との構図をHモデル表現にすると、図1－2に示すものとなりました。

これをプロジェクトのベースモデルと呼びます。A、B、C3つの特徴的なリーダーとそれに付き従うメンバーDがいてプロジェクトを運用するような構図です。この絵は数十人いるイメージでA、B、Cの丸囲みは1人であるように描いていますが、実際は複数人でその役割をしていたり、逆に1人でB、Cの役を兼務したりしている時もあります。1人プロジェクトでは全部兼務ですね。Dは部下たち、担当たちなのでこれも1人から100人以上の幅があってもよいです。

矢印線が示しているのは会話の内容ですが、どういうしゃべり方を好むかが書いてあります。それぞれのリーダーの果たすべき役割に応じて他の人との会話の仕方を変えているということですね。

ちょっとこの絵でシミュレーションしてみましょう。

まず、絵の真ん中上の〝顧客、上司〟から要求がきます。これに従ってプロジェクトが始まるのですが、新規プロジェクトの初期の要求はしばしば難しいことがあります。例えば通常1年かかる製品の開発で最初のお試しサンプルを「3か月以内で作れ！」という指示があったとします。できないというとその場でプロジェクト挫折になりかねない。そこでAはその要求が本当に必要なのか、また、現メンバーで実行可能なのか最初に擦り合わせなくてはいけません。

Aは交渉したり、正式な話し合いの前に話を通したりしておくいわゆる「下ネゴ」を行う役です。ネゴシエーションというと大げさですが、実はびっくりしないように事前に話し合いを通しておくことをいいます。例えば「明日の打ち合わせは技術のつめですが、資金的に足りないので、コスト削減案の話が多くなるかもしれません」などとあらかじめ概略を話しておくわけです。ネゴシエーターというと映画に出てくるような強面の人を思い浮かべるかもしれませんが、大規模な会議を円滑に進めるために事前に根回し（これも死語っぽいですが）してお互いの都合が合うように調整する仕事です。ちょっと難しい仕事を組織で分けて分担するとお互いの都合が対立して凄く揉めてしまい、無駄な時間を使ってしまうことがあるのでそういう時に必要な調整役です。公平な着地点を見つけるAgreement former（合意形成者）のAです。彼らにかかれば部署間でやりとりされる強引で厄介な要求を噛み砕いてお互い納得して実行できるように導いてくれます。

彼らにより、サンプルは3か月でなく4か月後でいいということに落ち着きましたが、厳しいことに変わりはありません。短期間で実施するため問題山積みです。この問題を早期に片づけるのが剛腕であり知恵袋といわれるBです。

Bは問題をなんとかしてくれる人たちです。一番直接的な職業としては消防士や警察官がありますが、そうでなくても何かあったら頼りになるような人で、問題を見つけると嬉しそうにしています、もちろんそれをやっつけるのが楽しみで。あんまり問題が発生しない仕事だとつまらなそうにしています。仕事と闘ってしまうBattler（課題格闘者）のBです。

Bの活躍で主要な問題は分解され、なんとかやれる形になってきました。でも時間はかかっており、サンプルは良くてもその後の本番機や量産の準備など、莫大な作業が控えています。ここで輝くのがCです。

Cはメインの仕事を主導してくれる人たちです。皆で力を合わせてやるために気配りしたり、たくさんルールや資料を作ったりして仕事のベクトルを共有し、円滑に仕事を進めてくれます。これは日本では最も多くいるタイプなので、身近にいるのではないかと思います。どんどん普通の仕事を進めてくれるCommon work leader（成果物提供者）のCです。

この３者が中心となってプロジェクトが進んでいくという構図です。

また、Dは修行中の人でDiscipline（弟子）です。でもＡＢＣが揉めてどうにもならない時に仕切る監督役、決める人という意味でDirector（監督）だったりもします。

01-03　理想の専門家の得意分野

一口に難しいプロジェクトといってもいろんな側面があって、①仕事量が凄いもの、②

技術的に誰もやったことがなく、見込みがはっきりしないもの、③１００の部署が集まって喧々諤々など、さまざまです。これらがそれぞれＣ、Ｂ、Ａの得意な分野になります。大規模プロジェクトになると①〜③が同時に起きたりします。皆めげそうになるのですが、ＡＢＣの核になる人たちが大活躍してうまくいったり、そうはならず失敗したりするのが私にとっての日常でした。

またＤの得意分野が未記述でしたがそれは「新しい分野すぎて、やり方が無限にあり、とにかくいっぺん効率無視でもやってみるしかないようなもの」です。

学芸会の出し物を何にするか決めて、ウケを狙うようなプロジェクトなので、あまりプロの社会人はやらない類のプロジェクトかもしれません。

私自身はどっちつかずの半端者だった気もするのですが、最近の研究ではこのモデルでいうＡＢＣの間をふらふらするタイプもそれぞれ特化して、ある局面では極めて重要であるという認識になっています。しかし、まずこの基本のＡＢＣ＋Ｄを理解しないと中間のコンゴウ（混合）型というべき人格はよくわからないので、これらについては別の機会にご紹介させていただくことにし、本書では深く述べません。

01-04 宮大工の棟梁モデル

モデルの説明を進めるうえで、さらにいくつかシミュレーションを提示していきたいと思います。Hモデルは役割分担のモデルなのでどう動くかというイメージが欠かせません。

ここでは先のベースモデルを1人で実現した例を説明したいと思います。難易度の高いプロジェクトを1人で切り回す例などあまりないのでは？　と思われるのではないでしょうか？　でも日本には昔からあるのです。それが〝宮大工の棟梁〟モデルです。

もう題目でおわかりかもしれませんが、伝統ある寺社仏閣を建築・修繕する宮大工の棟梁は、究極プロジェクトの〝プロジェクトリーダー兼マネージャー〟です。

数十年、あるいは数百年の時を経た日本の文化遺産の再構築プロジェクトは皆手探りです。伊勢神宮のように厳密に建て替え時期が決められているものは例外中の例外です。皆、ある事情で伸ばし伸ばしにしていたものが突然始まるわけです。もしこういう仕事に自分が関与していたら、あるいはなんと主役だとしたら、どうでしょうか？「想像もできないどうしていいかわからない!!」となりませんか。彼らが遭遇する苦難の一部をシミュレーションしてみましょう。

このようなプロジェクトはその計画を起こし、資金を提供するパトロン（といっても氏子とか民間人の代表者）にとっても一世一代の大勝負なので、不安と期待、自負で一杯、あるいは自負や期待に押しつぶされそうで一杯一杯です。そのため、棟梁には以下のような話が持ち込まれる、または押し込まれます。

例１：「世界で一番立派な建物にしてくれ」
棟梁は答えます。「はい、やらせていただきます」
これはある意味凄いことをさらっと言っている会話ですが、実は宮大工の棟梁の仕事はすべてこうです。築何百年もの建物などある意味どこかは世界一の部分があると言っても過言ではありません。このような大きすぎる課題にはＢタイプの人間しか安請け合いはできません。「やります」いうより逃げ出したくなるのが普通でしょう。言ってしまった棟梁はその後必死に努力を重ねることになります。

例２：「これは××億円かかることになっているが、本当に必要なのか？」
棟梁は答えます。「はい、これくらいはどうしても必要ですね」（心の中では「このお客さんが持ち込むであろう、追加のわがままを2割くらい見込んでいればそれくらいは間違

いなくかかる」と思っているがそうは言わない）

この回答は本当でも嘘でもありません。Ａのみがこのようにハッキリ断言できるのです。見積もりは××億円の０・８倍くらいしかかからないものであっても、〝トラブルがゼロのプロジェクト〟や〝チャレンジ要素満載なのにお客さんの気が変わらないプロジェクト〟もあったためしがありません。よって〝起こるであろう問題〟をある程度織り込んでおかないと見積もりとしては正しくないのです。でもこの見積額は、いま現在起きてない、将来起こりうるいわゆるリスクに対するものなので、本当か嘘かと言われれば本当ではありません。

でも嘘かと言われれば、非常に当たる確率が高い事象に対する金額なので嘘でもないのです。

一般に曖昧な行動と言われるもののなかにも高度な予測で組み立てた〝待ち〟があるということです。この〝待ち〟とはマージャンの〝待ち〟ですね。相手の手を予測しながら、自分の手をいかに速く、かつ役を高くし、相手より先に振り込まないように〝待ち（テンパイ形）〟を作る。曖昧さをいたずらに明確化することは実社会活動では敗北につながります。寺社仏閣再構築プロジェクトはもちろん失敗などありえないプロジェクトなので、棟梁は「決めないで済むことは決めない」という後出し有利の法則を最大限に活用することが求められます。

例3：「今、初めて本堂の新規追加部分を見てきたんだけど、屋根の形がダラッとしていて気に入らない。このままでは私の作らせたものというわけにはいかないなあ。世界一と胸を張るわけにもいかない。直してくれないだろうか？」

棟梁は答えます。「お気持ちを汲めていなくて申しわけ次第もございません。直させていただきます。少しばかり直すには厄介なところですので、時間は頂戴するかもしれませんが」

棟梁は自分の誇り・面子よりも相手の気持ちを優先して働きかけます。共感・協調を大事にするCが得意な反応です。

これらはしかるべき姿かもしれませんが、我々凡俗には真似のできない対応といえませんか？　私自身、ありそうなやりとりとして書いてみましたが、自分自身でこの3例を棟梁のように受け答えできる自信はまったくありません。いわゆる大人の対応というやつなので、このような受け止め方が見事にできる人間は〝立派な大人〟〝出来すぎの人間〟といわれ天然記念物扱いされているような気がします。このことが、Hモデルが手分けをして複数人に分かれる理由だと思うのです。1人で難関に立ち向かうことはできない。もちろんここで紹介した宮大工の棟梁以外の人には。

理解を助けるために、もう少しシミュレーションしてみましょう。先ほどは棟梁が見事な答えを出してくれました。これが数人でHベースモデルを作っている時だとします。その場合でもその各ABCが代わりに答えてくれるでしょう。でももし必要なAやB、Cがプロジェクトにいなかったとしたらどうなるでしょうか？　欠落のある少し困ったABCモデルです。

例①：Bがいないのにプロジェクトの大きなゴールの話がきた場合

客「世界で一番立派な建物にしてくれ」
A「それでは詳細を詰めましょう。どうお考えですか」
C「よくわからないので具体的に教えてください」

これはこれで当たり前の会話ですが、顧客の立場ではどうでしょうか？　普通こういう曖昧な依頼が来た時は十中八九、「そんなことは私には考えられないので、よろしく頼むよ」と言外に言っているのではないでしょうか？　前記のA、C2名の答えを聞くとどう思うでしょうか？

正に「がっかり」ですよね。自分では無理なので頼んでいるのにそれはそちらで考えてくれ、と拒絶されているのに等しいからです。普通のプロジェクトでよく起こっているコミュニケーションミスだと思います。この状態がお客様との間で続くと、お客様が別にコンサルタントを雇ってそちらと相談を始めるということが起こったりします。すると、そのコンサルタントが「この程度のことを考えられないチームはパートナーしてふさわしくないので、組む相手を変えましょう」と言い出します。知らないうちにこのACチームには「あの話はなくなったから」という連絡がきます。彼らは「お客さんの気が変わったからしょうがないよ。たまたま運がなかった」と言います。外されていることすら知らず平気な風情です。

例②：Aがいないのにお金の話がきた場合

客「これは××億円かかることになっているが、本当に必要なのか？」

Ｂ「いや余裕はありますよ」相手を安心させるため、強がって見せてしまいます。

Ｃ「正直に言うとその８掛けくらいで見積もっています」

これはこれで本音の話し合いはできているので、いいようにも見えます。しかしこの後、普通は顧客もそれなら少しまけてくれと言い出します。その結果……Ｂ、Ｃは情にほだされて言ったため、うっかりマージン（儲け）の分を失ってしまいました。これでは実際にトラブルが発生するとお金がかかるので、プロジェクトがすぐに赤字になってしまいます。外にいい顔をしたせいで中にトラブルを撒き散らした形となり、本来は施工物件の完成度などに費やされるべき努力が、内部への説明・言い訳・対応などに割かざるを得なくなってきます。そのため、肝心の寺社仏閣の完成度が落ちて出来がイマイチとなり「この時代の建て直しはこの程度か」といった風評が流れる……本末転倒の結果になりかねません。

これでは成功といえないのではないでしょうか。ここでのポイントはこの原因を作ったＢ、Ｃの主役が、自分はできるだけ頑張った結果だと思っているということです。大きな視点から見ればおかしくても当事者は平気でベストを尽くしたといいます。

あなたは彼らにプロジェクトを任せられますか?

例③：Cがいないのにお願いされた場合

客「今、初めて本堂を見てきたんだけど、屋根の形がダラッとしていて気に入らない。このままでは私の作らせたものというわけにはいかないなあ。世界一と胸を張るわけにもいかない。直してくれないだろうか?」

A「そのような変更は契約条件にはありません。承認済みの変更手続きを有料で進めます(キリッ)」

B「実物をお見せしたのは初めてかもしれませんが、今までに、資料・図面で10回以上も説明してきた内容です。いまさらできないですよ」

この主張が通り、ABチームが勝利。しかし……

これもまたよくありそうな会話ですが、難しいプロジェクトはそのお客様、特に担当者のその後の人生の進め方を左右するものになるのがむしろ普通です。それが満足いかない完成度になるということに多くの人は耐えられません。したがって、このようなABチームの反対に遭ったとしても不本意ながらなんとか資金を工面したり、その場では変更をあきらめてくれても、その後、ＡＢチームと付き合いたいという気持ちが消えてしまったりします。

彼らとはもう付き合えない。そうなれば顧客としてはさまざまな難癖や言いがかりをつけ、他の組織をパートナーとすることは容易です。

ここでもまた、ＡＢチームは「僕らはお客にも勝った凄いチームなのに」……と〝お客が馬鹿なんだよ〟と言いたげな態度だったりします。市場原理で退場を命ぜられると表現される状態でしょうか？

前記の３例は、有名な経済学者のドラッカーなどが唱える優良な顧客との長期の付き合い、いわゆる〝顧客の創造〟は大人の対応でないとできないことを意味していると思われます。どんなに優秀なお客様でもチャレンジ要素が大きい初期段階では素人同様に失敗します。それを一体感を持ってサポートすることがパートナーに必要な資質と思えるのです。

ＡＢＣそろったチームこそ私が正しいと思う高難易度プロジェクトチームの構造です。思うといいましたが、うまくいっている難しいプロジェクトに、これを大きく外れる例外は見当たらなかったので私にとっては真実であり、これまで説明した人々からも特に反対意見を聞いたことがありません。おおむね事実上正しいと考えています。もちろんうまくいっていないのにお金をつぎ込んで無理やり完成させたり、他から人をかき集めてデスマーチ（過酷な労働状況）で完成させたりしている例は、これとは違う擬似成功例といえるかもしれません。しかし、メンバーの目を見ればどちらであるかは一目瞭然で、前者は成功の輝きに満ちた表情をしているし、後者は暗い感じです。また、本当に難しいプロジェクトの場合後者の方法では完成に至らず、挫折に近い形になることのほうが多いです。

理想のチームで説明を省略した人たちも存在します。もし、全体に余裕があれば中間に存在しているコンゴウ（混合）型のメンバーも輝きを見せるのですが、それについてはいずれ別途ご紹介したいと思います。

01-05 理想形でもうまくいかない無理な状況

ここまではうまくいっている例なのですが、そうそううまくいかないよという方も多いと思います。あまりうまくいっていない例を熱心に紹介するとその方向に引っ張られかねないので、あまり紙数を割きたくなく、触れておかなかったのですが、早く気づいて対処するため、最低限説明しておきます。

よくある例として絶対君主が無茶な要求を出している状況では、先ほどのチームであってもおかしくなってしまいます。

Aは絶対命令なのでネゴできなくなり、責任回避や課題を丸投げするようになります。Bは問題解決を問題回避で対処するようになります。勝てない相手なので戦わずに済まそうとするので〝無理だ、できない〟と反射的に口走ってしまうようになるのです。CはCで一見まともに見えるのですが、誤魔化しのために意味がありそうだが内容のない莫大な資料（迷彩化資料）を作ってその場をしのぎ、問題を先延ばしにしようとします。

こうなると解決策には歴戦のプロマネといった人物が必要になり、しかも凄い努力、コストを使って、プロジェクトを悪化させながら進めることになってしまうことが多いです。

このような場合、絶対君主のような無茶苦茶なことという人を説得するべきです。このあたりは深すぎるので後ほど再度提示させていただくつもりです。

ただし、Cが行った迷彩化は害が非常に大きく、その最も顕著な例が、あのリーマンショックの引き金になったサブプライムローン問題だと思っています。誰にもわからないよう複雑化した（これが迷彩の特徴です）商品をさらに組み合わせ、誰にもリスクが評価できなくなって肥大化していきました。このような大きな問題は起こさないよう、わかりにくい資料・商品等がはびこらないように努力することが大事なので、注意しておきたいものです。

01-06 モデル人格に分かれる理由（老若男女）

前節までで示した。Hモデルですが、なぜこんな突飛なものが出てきたのかと思われる方もいると思います。私自身もこんなに簡単に人が類型化できるのは何かおかしいという感覚があり、原因を探していました。ABCだけでは実はよくわからなかったのです。最初Dはおまけのようなものと考え、ABCモデルと思っていました。その時ある人に「何か嫌ですね。普通の人はいないの？」と言われたのです。私は「普通の人はプロジェクトでは役に立たないからいないんだ」と答えましたが、普通の人のほうが多いのが事実と考え、Dタイプを入れることにしました。こうした後にいろいろ調べると4原論というものは世の中に一杯あることがわかりました。それらとHモデルを比較すると符合するのです。

例えばユングの説く人間の類型は4つでそれぞれ対応します。しかし、最も合致すると考えているのは以下に挙げる東洋の〝老若男女〟の例です。

これは〝すべての人々〟という意味であることをご存知の方も多いと思います。

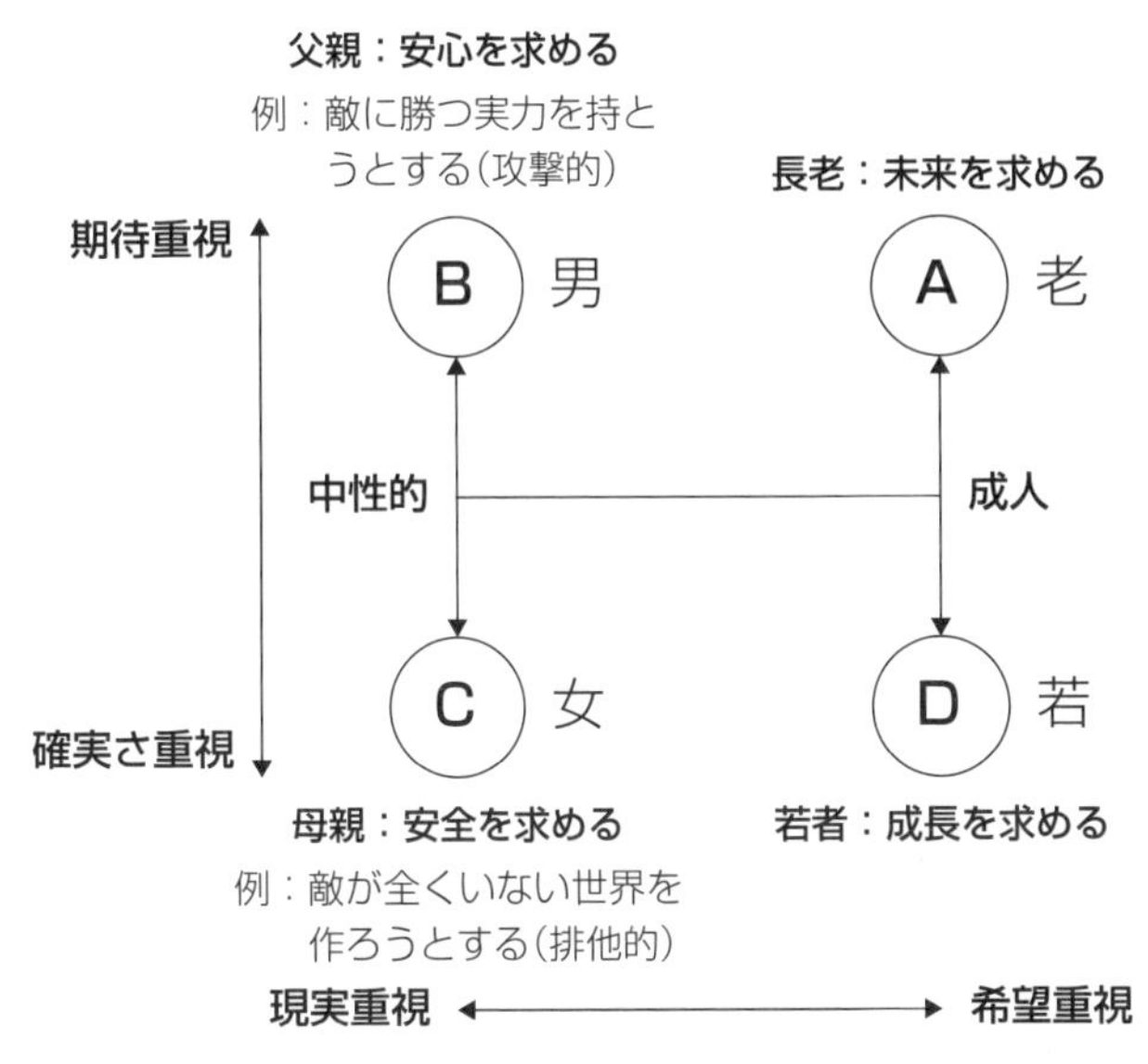

図1－3　Hモデルは人間関係の基本的構図がPJに現れたもの

この対応関係を示すのが図1－3です。老がAに、男がBに、女がCに、若がDにそれぞれ対応します。図の中の〝求めるもの〟とは今後1～数年程度で〝達成したいもの〟つまり戦略的な目標を示します。これでABCDの動きがうまく説明できます。

つまり老＝Aは長老のようなものなので、民族全体の未来を考えて相手の長老役と必死に交渉をします。民族全体の未来が懸かっているため、虚実入り乱れる駆け引きで、自分の評判が落ちて卑怯だといわれても仕方がない、と考えているとすれば、彼らの自己犠牲的な取り組みも理解できます。

男＝Bは家族の荒事対応です。外敵に立ち向かう強さがないといけないので、トレーニングに励み、力を蓄え、厄介ごとをやっつける実力を持とうとし、その実力で物事に立ち向かいます。勢い単純な反復動作がベースで一本道な考え方を持ちます。

女＝Cは実務担当です。子育て・家事など日々の実務に追われ、戦っている暇などないので、男どもを目くらましでだまくらかして、敵は迷彩・迷路で迷わせ、あるいは柵で入れなくして、子供たちを守ります。

若＝D（子供）は皆に守られ、愛される存在です。未来の希望そのものでもあるという構図で、ABCに弟子入りしていずれかに成長していきます。知らぬうちに周りの大人たち（ABC）を追い越し、リーダーとなることを期待されてもいるのです。

私自身が最初、老若男女でよくわからなかった点がありました。老人の男も老人の女も若い男も若い女もいるはずなのに、なぜ4つに分かれると言い切っているのか？　最近になってそれぞれ違う性格、人格だからだと理解するようになりました。老人の発想は中性的、子供も小さければ性差はあまりない。だから、老人と子供は男女ではない。男性も女性も子供は守るもの、基本的に老人は従う、若しくはいたわるものという成人の発想で対処します。したがって男女は老若とは違う。よって独立した４人格になる。これらの関係性ですが、男女は対極、老若も対極なので、その中央の中性と成人を軸につながっている構図になると考えます。これを示すのが図１－３における線であり、Ｈ型の結合になっていいます。この東洋の昔からあるモデルにあやかってヒューマン（ベース）モデルをＨモデルと表記させていただいております。この４者の関係を本当に理解するには立体モデルが必要かもしれないのですが、それは研究中なのでいずれご紹介したいと思います。

01－07 有能なベースモデル人格の特徴まとめ

それではここで紹介してきたＡ、Ｂ、Ｃ、Ｄの見分け方や特徴、活かし方や補強すべきポイントなどを示しておきたいと思います。このタイプ分けに見事に嵌っている人ほど、何気なくプロフェッショナルな仕事をしているので、普段は見極めにくいかもしれません。でもその正体が現れるのは総じてある種のピンチの時です。その時に生き生きするように見えるので、それとわかることが多いです。

さらにこれが進むと複数の人格が１人に同居するようになり、その時のＴＰＯに応じて対応する人格を引っ張り出してくるような人もいます。私もいろいろな仕事をするうち、そのように人格を引っ張り出すようになってきました。この切り替えが大変で「ああ、なかなかなりきれないな……」と苦労することがあります。

Aはこんな人

相手がたくさんいたり、うるさい人だったり、コミュニケーションが大変そうな時に、生き生きする人です。仕事の流れ全体を頭に入れて関係者からいろいろ情報を収集するのが好きで、自分の中で全体像を組み立てています。それを元に仕事を仕切っていろんな関係者をリードしてくれます。つまり情報を総合判断するのが得意なのです。そういう意味で関係者の思い込みによる偏った判断やいき過ぎた行動、逆に足りていない行動を指摘しバランスをとることができます。非常に難しい判断をしているので、彼らの行動はわかりづらく、誤解を受けることもままありますが、全体を結果的に一番うまくリードできているることが多いです。でも自ら行動するというより情報収集・モデル構築・シミュレーション→判断なので、情報が集められなかったり判断を邪魔されたりすると混迷します。他のタイプとは隔絶したインフォメーション・インテリジェンス技術を持って他者と交渉するので、商売で彼らに勝つのは至難の業です。難しい商談でもけっきょく損をすることは決してなく、プロジェクトは失敗しても、契約条件で勝って補償してもらい黒字にしたりすることすらあります。商談の得意な営業さん等が典型例ですね。

Bはこんな人

困難な状況も正面突破することに魅力を感じる人です。自分の実力を高め、相手と勝負し、自分の実力を実感することに興味があります。そのためにトレーニングと称して勝負を求め、自分を勝敗の世界で評価しながら磨いていく求道者のような性格を持っています。自分を高めてそれによってさらなる限界突破を常に求め、その厳しい生き方の反動で普段ブラブラしがちだったりします。トレーニングのため、優れたライバルや敵を求める傾向があります。また敵であっても強い友情で結ばれたりもします。前述しましたが、消防士や警官、自衛官などに多い傾向があります。スポーツだと対戦型に多く存在します。

困難な状況の膠着点を一点突破で風穴を開け、後続への道を切り開きます。反面そのようなくるみ割り以外の普通の作業を小馬鹿にし、ドキュメント化などを怠ってブラブラしているので、戦闘中の彼らを見ていないと単なるおじさん、おばさんにしか見えないという問題があります。

実は平和な状況だとブラブラし過ぎになり、大きな問題や攻撃を受け止めるための肉壁としての体脂肪が過剰になってブクブク太っていったりするので、人工的にでも緊張感を与えることが大事です。つまり喝を入れる人が必要です。プロレスを見るだけでも多少はましになります。これは平和でなく敵に囲まれているほうが楽しそうだったりするのと裏返しで、ぎりぎりの緊張感に置いたほうが生き生きするのですが、この場合も事故って怪我したりするので、周りはひやひやします。

組織で行動する際の問題点としてはドキュメント作成を重視しないので、自分の貴重な経験を他のメンバーになかなか伝えられないことです。Bタイプの典型である警察官を例に挙げます。

アメリカのドラマや映画の刑事もので、主人公の刑事がつまらなそうな顔をして、タイプライターやキーを打って報告書を作るシーンがありますよね。これはアメリカが新大陸開拓などBタイプの多そうな大国なので、Bタイプといってもドキュメントを書かなくてはダメなんだというメッセージなのではないかと思っています。主人公はこれを書かないと給料ナシと言われて、いやいや書いてるだけ風なのも、Bタイプとしてはリアルです。Cタイプから見るとこんな不真面目なやつは信用できないとなるようですが、真剣勝負中の彼らも見てあげてください。

Cはこんな人

状況を整理して誰にでもできるようにし、皆で実行することに幸せを感じる人です。皆で円滑に実行するため、メンバーの発言になるべく同意しようとし、共同作業の妨げになる細かな認識の齟齬をゼロにしようと努力します。共通認識を資料化して繰り返し確認し、後はやるだけの状態に入念に準備して一気に片づけるのが大好きです。何度も行う作業の場合はそのやり方を都度改善し、完璧な状態にしないと気が済まないところがあります。彼らの愛情の対象になると金に糸目をつけずに最高の仕上げになっていきます。

ただし、自分の理解を超える範囲は無視してできることからやろうとするので、結果としてできない問題点を先送りする傾向があります。

最高の状態にするのは得意ですが、最適化が完了ということはイコール遊びや予備をすべてなくしてしまっているので、外から崩されると余裕がなくなりお手上げになったりすることがあります。料理人や工芸屋さん、経理・総務部門の人などにこのタイプの優れた人を見出すことがあります。

自分や愛する人、組織が安全であると確信できないと、まともに動けず、待ちに入るのが欠点なので、彼らを活かすためには安全地帯のようなものを作ってあげる必要があります。若しくはいったん引いて、安全な後方で準備してから再度前に出るような動きですね。自分でも安全維持に努めるので高度なCタイプの周辺には安定的な雰囲気が漂います。難しい緊張感あふれるプロジェクトでも安定点を作り上げ、安全地帯を準備してそこから周辺に有用な情報を流し続けます。また、逆に危険に見えるものは強力に排除し追い出そうとします。

また、自分の組織や仕事のなかに危険そうなものがある場合、触らず封印しようとすることがあります。優先順位の低そうな雑多な問題に関心が向かってしまい、危険な問題は他人まかせみたいになることがあるのです。こういう問題を抱えている場合手を打たず、自然に消えるのを待っているので、自然に消えないものの場合悪化していく恐れがあります。いわゆる問題点の先送りが大好きなのですが、無限に先送りしようとするのが問題です。ここを自分で問題解決の方向に動きだすよう導いてあげないとじり貧になることがあるので、距離を取って間接的な方法でよいので無視せず見張るようにし、警戒警報を出す役を割り当てるといい方向に向かいます。Bタイプに遷移しないと対決は無理なので索敵あたりで貢献してもらおうということです。

Ｄはこんな人

まだ、自分が何者かわからず、何者かになりたいと考え、好奇心に誘われるまま散策している人です。すべて〝いいじゃないか〟とひたすら楽観的で、あれこれ試して楽しむことを好みます。ただし、偏らずバランスよくやるので、何もかも中途半端ということもあります。レベルが上がるにつれて自分が何者であるか見出し、ＡＢＣいずれかあるいは別の専門家になっていくことも多いです。

また、このＤ状態のままひたすらレベルが上がって、何もかも中途半端から何もかもそこそこ、何もかもそれなりというところまでくると、リーダーや監督と呼ばれだしたりします。何もかも完璧だと「神」ですかね。その段階に至ると好奇心というよりは、見出したあるべき姿を追い求めて進んでいるのかもしれません。ＡＢＣと違って色がなく、万能型なので特定の職業などに偏りません。最初は修行中の弟子の立場に甘んじています。ひたすら素直に教えや教訓を受け入れていきます。それを脱して〝一人前の××〟といわれるようなレベルになるとどの職業でもリーダー役となることが多いようです。その成長志向が、自分自身が対象であったところから、自分の周辺も巻き込んだ対象となっていくことで進化し、前向きな性質がドライブ役（狂言回し）に向いているのかもしれません。神様状態になった人の実態は私ごときではまだまだわからないのですが、高度にＡＢＣを切り替えて仕事をする人間であるのかもしれません。ただし万能型であるがゆえに、一芸に秀でたＡＢＣにピークの能力では劣る部分があり、特化した能力が必要な局面に応じてサポート側に回ることも多いです。このあたりもメンバーを輝かせるリーダーらしいという点であるのかもしれません。

ＡＢＣから見れば永遠のヒヨッコであったりしますが、いつの間にか追い抜かれているということになるかもしれません。周りにいる可愛い素直な新人君は凄い人になるかもしれませんよ。

このような性質を纏めたものを表１－１に示します。まだまだ研究中なので今後前記の文章を含めて改定していくつもりです。

＊『プロジェクトマネジメント学会誌 Vol. 19 No. 1』「ヒューマンモデルによるプロジェクトコミュニケーション構造可視化の提案」

表１-1　ヒューマンモデルによるプロジェクトメンバー可視化整理

役割タイプ呼称	型名称	役割	活動	特徴			各役割が果たされない場合	持てる力
				特技	行動	語られない目的		
A Agreement foamer 合意形成者	ネゴシエーター型	落としどころの見えない案件の交渉と合意	全体を統括・仕切り、ネゴシエーションを駆使し大枠を決定推進する	ネゴシエーション：真意を引き出し、内外の折り合いを付け実現可能にする。駆け引き、ギャンブル	虚実取り混ぜ、客観的且つ冷静に代表者として行動する	仲間のための明るい未来を拓き、託する	無理難題を受けてしまう	交渉力が強い モラル重視、自己犠牲的だから。 反対側のB、Cはモラルを無視し、他人に犠牲を強いる
B Battler 課題格闘者	問題解決型	他は尻込みしてしまうような課題解決・解消	問題点を次々明らかにし、つぶしていく	安請け合い・安心、びっくりさせる。タイマン勝負	安心させるため、善意の嘘をつく。危険に立ち向かう	自分を犠牲にしてでも身内を外から守る	問題の先送りと難航	実力が強い。肉体を限界まで追い込む。努力家だから。反対側のCAは努力を無視する。限界でふらふらの人に冷たく、実力は買ってくれば良いと思っている
C Common workleader 成果物提供者	成果提供型	大量・完璧な成果物の完成	確定したボリュームゾーンを手分けして緻密に処理していく	共感・同期（シンクロナイズ）ルーティンワークの完璧な仕切り	真実・事実重視だが同情的・他者を思いやる	力及ばずとも身内は守るために隠す・逃がす	成果物欠落	整理力が強い。そのために献身的に執着し、愛を注ぐ。 反対のABはその執着、愛を無視する傾向がある
D Dicipline or Director 弟子あるいは監督	成長発展型	自らの成長のため、興味を持ち何でもやる。成長するにつれ他者も巻き込みより大きくなる	A、B、Cの補助、弟子または経営者など	好奇心　可能性に賭ける一か八か　希望を与える	とりあえずついていく。学習する。真似する。いつかは師匠を越える	守られるため、愛されるよう行動。皆の幸せな大活躍を望む	成長意欲に乏しく、ニッチな存在に	好奇心が強い。 何にでも倒れるまで取り組む集中力を発揮する。反対の皆さんは何にでも首を突っ込むんじゃないと思っている

第2章　ベースモデルの応用

——本章では前章のベースモデルを適用して、さまざまな事例を紹介します。

02-01　バリエーションを増やしてみましょう

①よくある3人組モデル＋1

テレビのドラマなどによく3人組、4人組などが登場すると思います。

●冷静でおっちょこちょいに見せ、実は駆け引き上手なリーダー
●力自慢でトラブル解決の用心棒。暴れ者だが仲間には優しい
●非常に広い知識を持ち、さまざまな謎を解いたり、解説したりしてくれる。一見冷静であるが、実は仲間に深い愛情を持っている
●皆のアイドル。愛され育てられる役、または未知の世界にいやがる3人組を巻き込む好奇心の塊

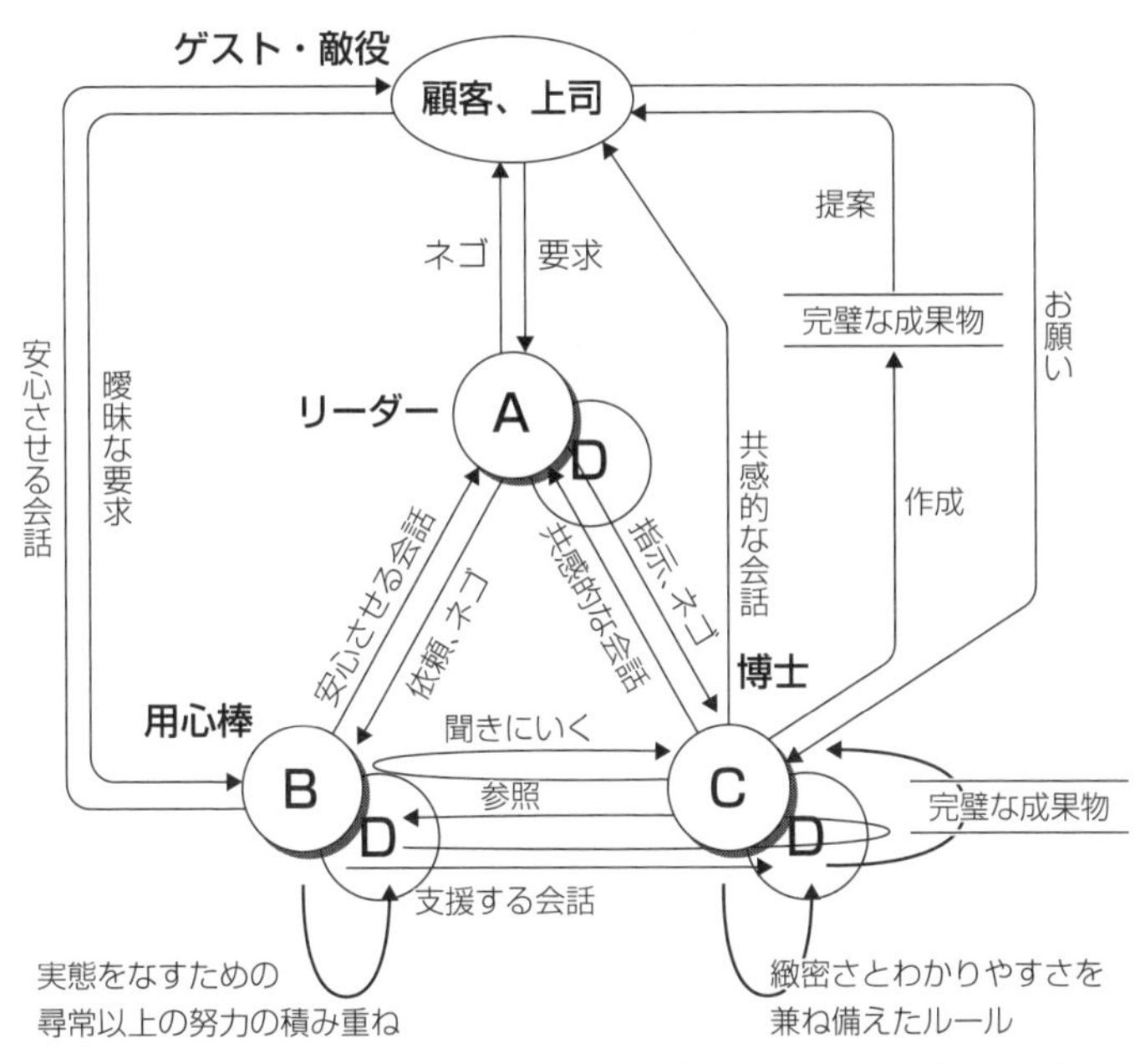

図２-１　映画・テレビドラマ　Ｈモデル例　ちょっと子供向きなもの

以上のようになっているともうおわかりかもしれませんが、先のＡ、Ｂ、Ｃ、Ｄに合致します。具体例は皆さんで考えてください。作者がＡ、Ｂ、Ｃ、Ｄのどれかに偏っていると、皆うっすらその傾向を持って手分けしたりしています。全員暴れ者だとＢベースですね。でも実は好きなのは殺し合いではなく実力を高めることなので、なぜかさんざん戦うくせに全員生き残ったりします。

また、ＡＣＤの要素がないとうまく話が進んでいかないので、純粋なBだけでチームを組むことができず、無理やりACDの要素を組み込んでいる例が多いです。

内気なC集団の物語ではドラマティックな要素が欠けるので、凶悪なB、Aが現れるのですが、なぜか皆共感してわかり合える仲間になったりします。

駆け引きと旅に明け暮れるA集団は、テレビなんか見ないのでそういうドラマはないかもしれません。そういう意味ではA集団は、現代社会で影が薄くなる傾向があるのかもしれません。

大衆芸能はDを育てるBCの技法に近いところがあるので、そのせいでAの存在主張が減り、アンバランスな傾向を助長するのかもしれません。Aは世界の経済・金融といった所を押さえるので、認知度では負けていてもパワーバランスでは互角を保っているものと思われます。認知度ではわざと負けてやっているのかもしれません。勝負師たるAタイプは勝ちすぎが良くないことを熟知しているからです。このあたりはいずれ個別に紹介したいと思います。

3人組の場合、大人のドラマだとDが主役級には足りないことが多いです。でもニッチな所に落ち込んでいく3人組をドライブするサブとして、Dがどこかに登場します。

②高度成長期モデル

高度成長期は、日本人の文化的ファンタジーから、困っている殿を助ける取り巻きという形で、図示の桃太郎のような構図のモデルが構成されたと考えています。

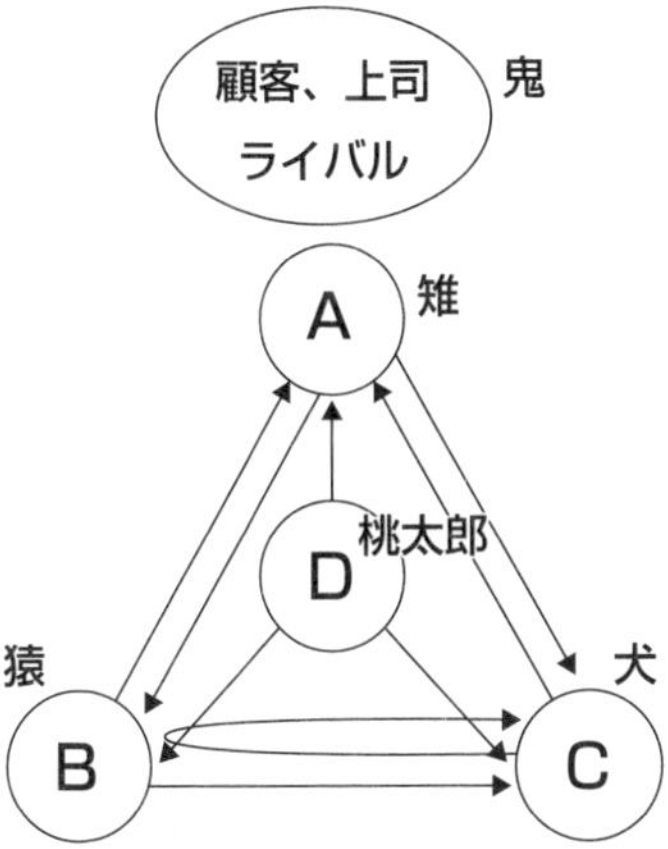

図２-２　高度成長Ｈモデル　仲の良い桃太郎一行モデル

異なる専門家が力を合わせれば鬼よりも強いという構図です。

鬼は外国人の暗喩という説もあり、諸外国との競争という高度成長期との構図の中で日本人の頭に入りやすかったのでしょう。この代表のＤタイプの殿様が大見得を切り、実質は犬猿雉が実施する構図です。

これはたった４人で構成されるので、大局観に欠ける傾向があるのですが、そこで高度成長期の護送船団方式（上意下達）で国や公社など大方針決定機関が指示を出し、足らない大局観を代わりに考えてくれた形で動いたと考えられます。

もっとも桃太郎のモデル自身もファンタジーなので、桃太郎の与える黍団子（心づけ程度）で鬼に立ち向かっていくはずがないということもあったのですが、そこも1億総中流という〝長期雇用＋全員それなりの高収入の保証〟という桁違いに強力な黍団子（後押し）で、全員ひがみあうことなく協力できたということでしょう。このベースモデルに殿が乗った基本ユニットが、何十～何百階層にも重なり日本を構成していたと考えられます。

大人の気配りがミクロな最小単位ででき、好奇心に満ちた中心人物が周辺と摩擦を最小限にしながら自由に行動できる。この理想的な構図がさまざまな分野で傑出した人物を輩出し、日本の奇跡を起こしたのではないかと考えています。ただし人物といっていますが、実はある傑出した協調性の高いベースモデルのことを指しているので、実は1人ではなかったのかもしれません。1人の中に4人格が織り込まれるケースもあったかもしれませんが、数人が以心伝心でチームを構成している場合、構造がミクロすぎたため、それを可視化して日本の奇跡を解き明かすことが従来は難しかったのではないでしょうか？

ではなぜこれができてしまっているのでしょうか。

私の使っているヒューマンモデルは自分の作ったものというよりは、その時の環境の必要性に迫られてできたものです。凄く説明に厳しい宇宙開発事業団に、なんとか自分の製品を通すため苦闘した回答として捻り出されたものです。正に日本の宇宙開発のスピンアウトといえると思っています。

そのパフォーマンスが想定を超えた効果を出したとは考えられないでしょうか？　スピンアウトでの革新的な技術は、軍事からのフィードバックしかないといわれていたのですが、これは非常に平和的な開発から出て人類に革新をもたらすものとしてあまり類例がなく、日本が世界に誇れる技術となっているのではないかと思っています。

このような紹介ができる自分は非常に名誉なことであると考えています。

02－02　思考の傾向

まず初めにＢタイプが仕事に取りかかります。

とりあえず仮説を立てて、こうして、こうして、こうすれば……と説明します。すなわちストーリーを作ります。つまりＢタイプは１本につながったお話を作ってその上で進める傾向があるといえます。そのストーリーが間違っていればその部分だけ修正し、あくまでストーリーの形を固執します。つまり発想として1次元の発想になりがちです。

次にそのストーリーを実際に実現するためには多くのサイドストーリーが必要です。

それもBは個別にどんどん考えます。

でも実行に移す際にはそれだけでは不十分なのです。多くの人間がストーリーテリング（物語の主人公）的に動くとすべてシーケンシャル（自分のやりたい順序どおりにやりたいと主張し始めるので順番待ちになる）になり、待たなくてはすすめない滞留現象が多発します。切りの良いところで切って、ぶつ切りですが単純に手分けして処理したほうが、仕事としては効率的に進みます。

1次元のストーリーの集合体を2次元のセルにマッピングしてセル単位で実行します。

そう、仕事人のCタイプは2次元的な思考整理をする傾向があるのです。各セルをいくつきちんと実施するか正しい手分けを考案し、効率化を進めます。その作業が進むと仕事は進みやがて終わっていきます。そこで完成すればその完成品をどのように体系に組み込んでいくかというフェーズになります。

ここからがAタイプの仕事で、販売計画・販促活動みたいなものがそうです。商品ある

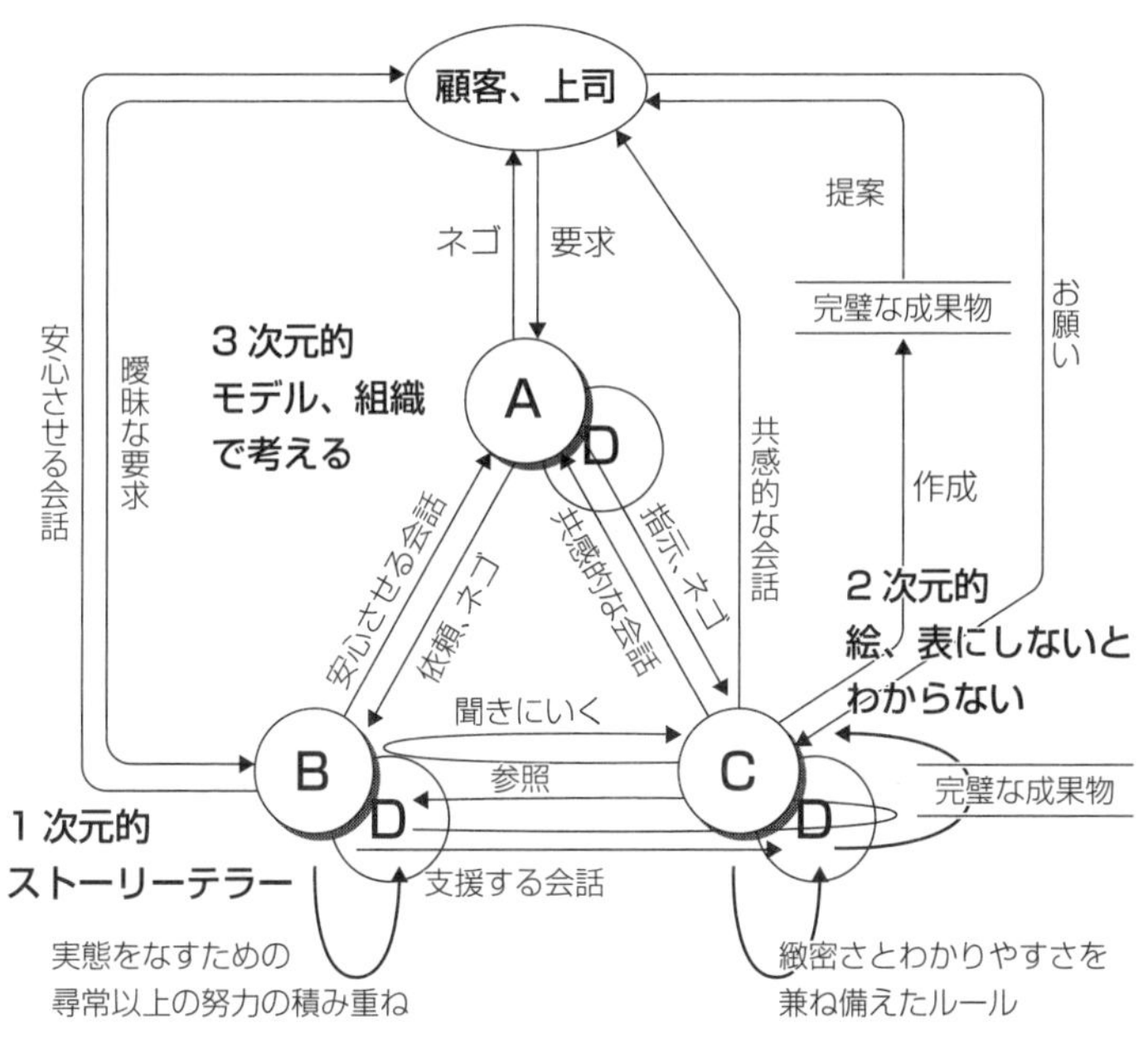

図2-3　ベースモデル　リーダー達の考え方へのこだわり

いは商品群をどう露出して、効率よく利益が上がるように売っていくか。商品単体の魅力も重要ですが、プロモーションや見せ方、セット販売などその他も含めたシステム化が必須な時代ですよね。

これは要素のシステム化なので3次元モデルで考えなくては最大の効率が得られません。

Aタイプは最も複雑な3次元の思考で考え続けることになります。Aタイプの悩みはこの性質で、考えている内容を他人に説明しにくく、誤解を招くことがあり、よく誹謗中傷の対象になることです。かわいそうな感じがします。当人たちもよく疲れています。

仕事の最初から終局で複雑さが増すにつれ、思考方法もストーリー、面制圧、モデル思考と1次元、2次元、3次元と上がっていきます。

思考の得意分野も各タイプで極端に異なっているのです。

そのため、好きなツールもB＝テキストエディタ、C＝表計算ソフト、A＝プレゼンテーションツールのように変わっていくので、さまざまな表現の資料が世の中をにぎわせています。

①日本モデル

日本国をプロジェクトと考えると主権は国民なので、政府組織がベースモデルを構成します。なんでも任せて頼りになる政治家さんはBタイプでしょう。資料を山のように作っている役所・官僚はCタイプですね。このあたりは充実しています。でもAタイプはどこでしょうか？　国民に言いにくいところもネゴしてくれるネゴシエーター。このあたりは

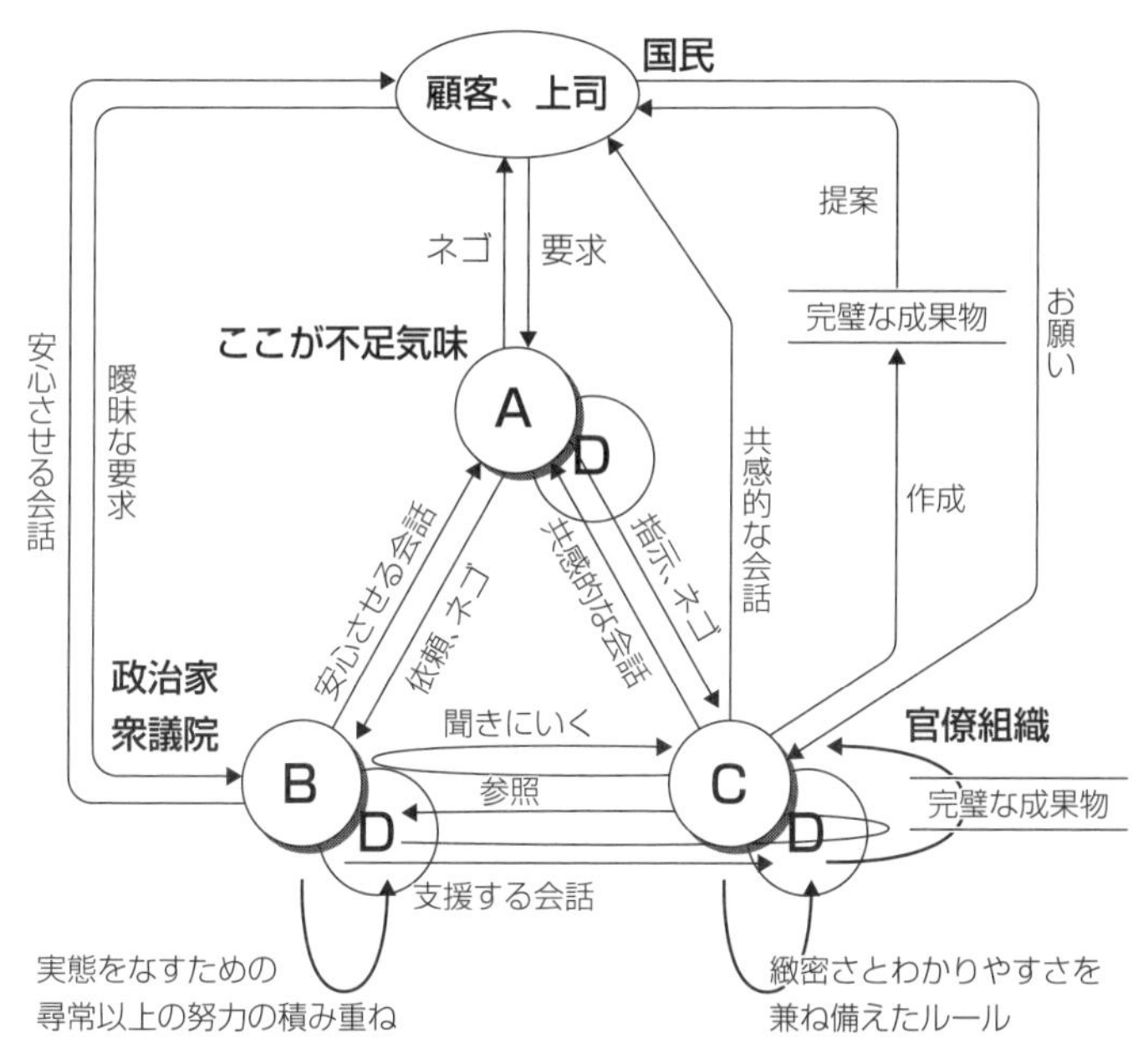

図２-４　巨大ベースモデルとしての日本が持つ傾向

不足気味かもしれません。政治家さんも衆議院はBかもしれませんが、参議院はAが求められているかもしれないですね。また法務、外務省なども交渉役ですが影が薄いです。

交渉、ネゴシエーションなどは日本には不要という意見もあるくらいですが、私はHベースモデルの観点から、それでは日本がうまくいかないプロジェクトになると思っています。

日本のAタイプに頑張って欲しいです。本章冒頭に述べた世界を制し、勝ちすぎを控えて自分の親族の繁栄だけを考えているだけでは、世の中は良くなりません。
Aタイプのリーダーシップは世界を変えるキーとなるものです。ご再考ください。

②部族、家族モデル

これは　第1章の最後に挙げた老若男女ですね。補足的に説明させてもらうと、
老＝A　若＝D　男＝B　女＝C
外からの公式の訪問には代表である爺さん連中が対応して〝切った張った〟を含めてこなし、荒事には男衆が、きめ細かい作業には女性陣が活躍します。でもその間で遊ぶ子供たちが部族、家族の希望です。

簡単ですね。でもこれがすべてのベースではないでしょうか？　Hモデルの整理であまりに嵌るので不思議に思っていたのですが、私は可視化技法を発見したエンジニアにすぎず、それについてはさまざまな形で繰り返し、提供され共通知識化されたものであった、という事実です。

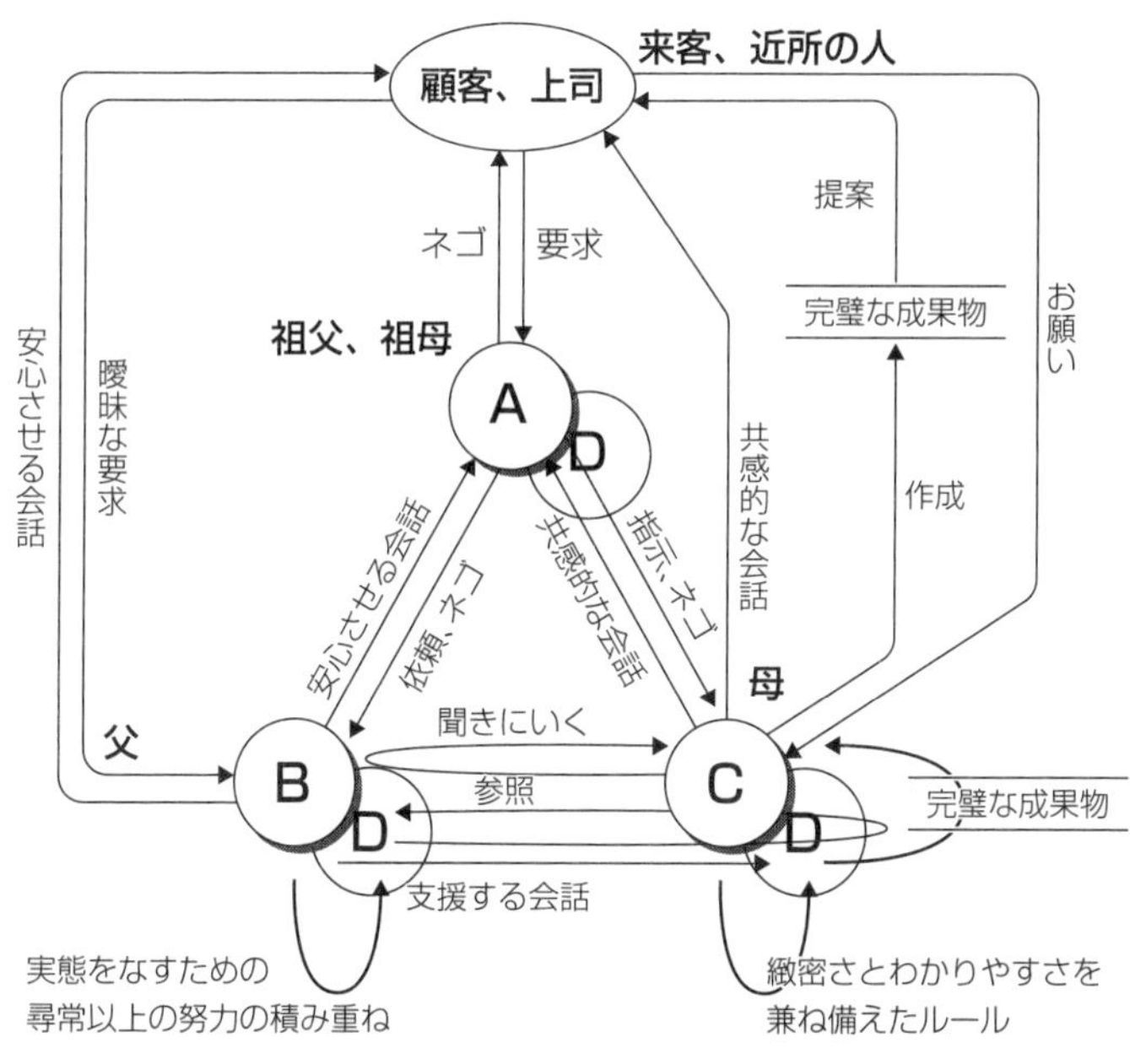

図２−５　家族のご近所づきあいが基本

素直に分析すれば論理的な思考を持つ人間は同じ結論に至るといわれています。

人類の共通モデルは描かれないまでも完成しているのかもしれません。

核家族化など、Ａタイプを分離する考え方で混沌とした方向性が示される現状があるのかもしれませんが、無理な方向性は長期的には修正されていくはずです。可視化技法の発見者としてはそれを描くことを重視し、活動を続けたいと思います。

第3章　モデルを組み合わせていく

――前章でご紹介したモデルですが、ほんの数人の話のように思われた方もいらっしゃるのではないでしょうか？　代表者が頑張るのが難しいプロジェクトではよくある話なのですが、そうでない例も多いと思います。そのような場合はどうなっていくのでしょうか？　これもHモデルの考え方でシミュレーションを通じて説明したいと思います。

03-01　数人チームから数十人チームへの拡張

まず、1人、数人レベルのプロジェクトですが、これは難易度が高ければHモデルの適切な形成が鍵となります。別になんのトラブルも発生しなければHモデルが組めていなくても順調ということで進むのですが、実際にトラブルが発生するとそれに対する耐性の有無が死命を分けてしまい、高難易度のプロジェクトでうまく組めていないとトラブルの対応で右往左往し、トラブルそのものや、それに過剰反応する周囲の人々に引きずり回されて、全然進まない状態となりがちです。

ベースモデルは外からの干渉に対して大人の対応を行うことで、自分のチームのペースを守って進捗でき、死の狭間を切り抜けることができる強いユニット（U）なのです。制御工学の用語でいう外乱（外からのちょっかい）に対して、びくともせず安定して動作する機械を制御モデルとしてロバスト（タフさみたいな意味です）性が高いといいます。人間関係の荒波を乗り越えていくロバストな基本ユニットがHベースモデルです。他のチームは第1章において〝上司、顧客〟と書いてあった部分になります。それが複数ある状態ですが、個別に大人の対応をするのが基本ということになります。

では人数が増えていくとどうでしょうか？　まず問題となるのが意見の不一致です。５人以上いると意思統一が難しいなどと言われるとおり、人数が増えると全員一致ということは建前としてはできても本音では難しくなってきます。ご紹介したタイプの違いだけではなく、それぞれのバックグラウンドの違いで本音では反対だが仕方なく従う。若しくはいつかひっくり返すつもりで黙認するなどの行動が増えてきます。

あきらかに危ない状況です。この状況を回避するため、基本的に次のような方法がよくとられます。それが図3－1に示す構図です。まず、ユニットとしてのHベースモデルは必要なので維持されて、リーダーが選出されることになります。気の合う数人同士で内部チームを作り、そのなかで数人のプロジェクト方式で会話を密にして進める。その他は外として線を引いて仕事を進め、選出したプロジェクトリーダーに仕切りをお願いしてプロジェクトを推進します。プロジェクトリーダーの下にユニットがぶら下がる格好です。

このやり方でルーティンワーク的なものは大体うまくいきます。量産工場の典型のような組織かもしれません。1人の課長の下に係が8あって部下は合計100人とかの構成です。優れたリーダーがいれば多くの人間が統制できます。

ただし、実はプロジェクトのパターンによっては問題となることがあります。前記のような8チーム間の連携があまり必要なければこの組織は非常に効率的なのですが、相互に関連すると通用しなくなります。1人のリーダーが10チームの連携関係を取り仕切るのは手間がかかりすぎです。

例えば縦長だったラジオを元に横長のラジオを作るプロジェクトがあったとします。できることはまったく同じでも、ボタンやダイヤルなどの位置を同じにすると使い勝手が悪くなったりしそうです。そのためにはデザインを考える人、使い方を考える人、回路を考

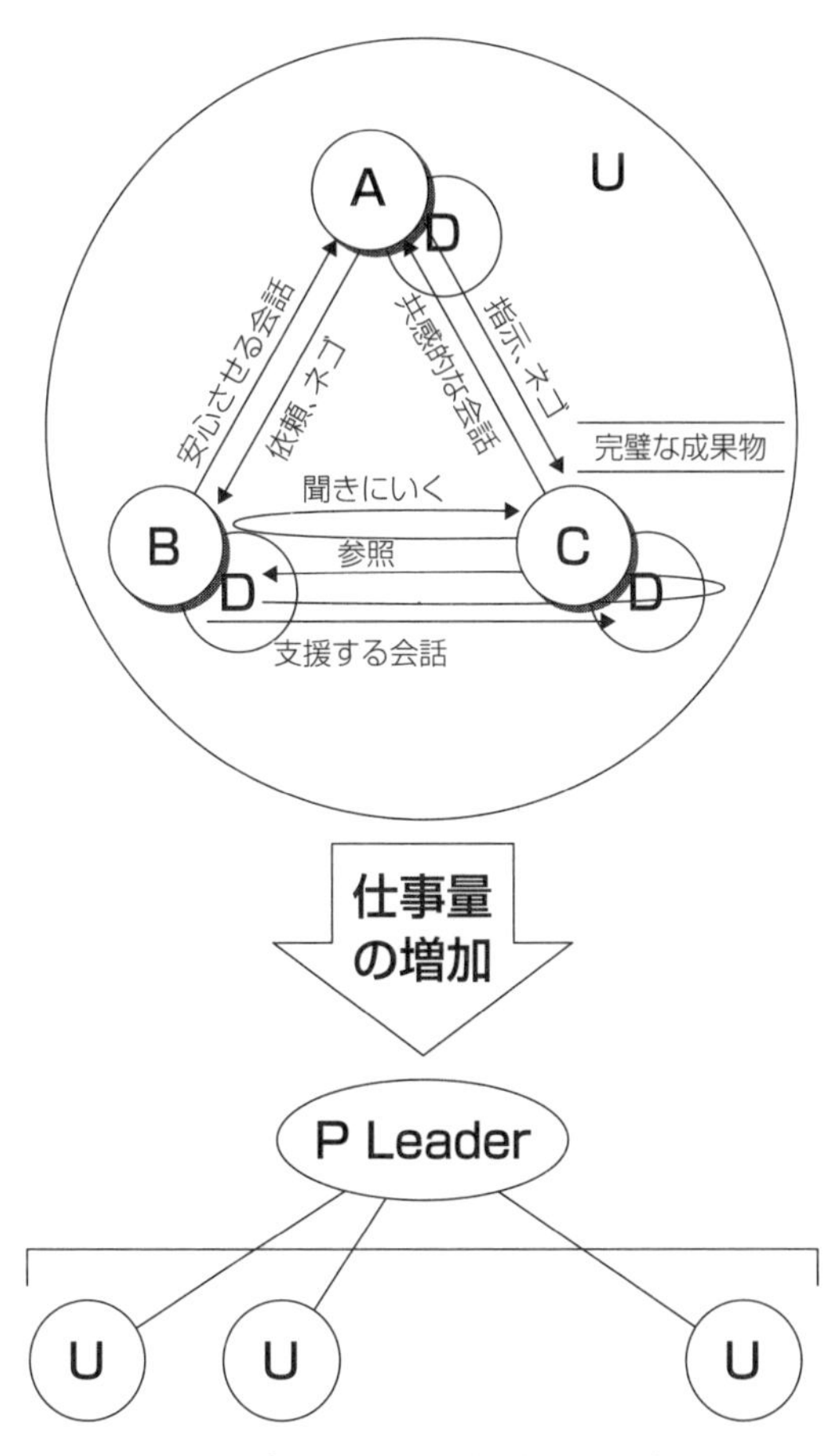

図3-1　平易なプロジェクト理想形〜100人くらいまで

える人、製造ラインを考える人、ケースを考える人、高くなると困るのでコストを考える人などの違うチームの人たちがこう変えるとどうなるんだろう？　などと1人ではわからないので話し合いを続けながら、あちらを立てればこちらが立たずの議論をしていくことになります。

その際はどうなるかというとこれも定番的な方法として図3-2に示すような形態になります。

各10チームのリーダーが集まってヘッドクオーターを形成します。

こうすればメンバーの負担を増やすことなくコミュニケーションを潤滑に行うことができるようになります。50人以下なら機能する理想系の1つです。ただし、1つだけ問題があります。組織の形を見ればヘッドクオーターに負荷が集中するのがわかるのではないでしょうか？

うまくいくことも多いのですが、ヘッドクオーターのメンバーがワーカホリックの状態になってきます。ヘッドクオーターにいると仕事の中心人物になっているという実感が得やすいので皆楽しく、凄く残業して仕事をするからです。

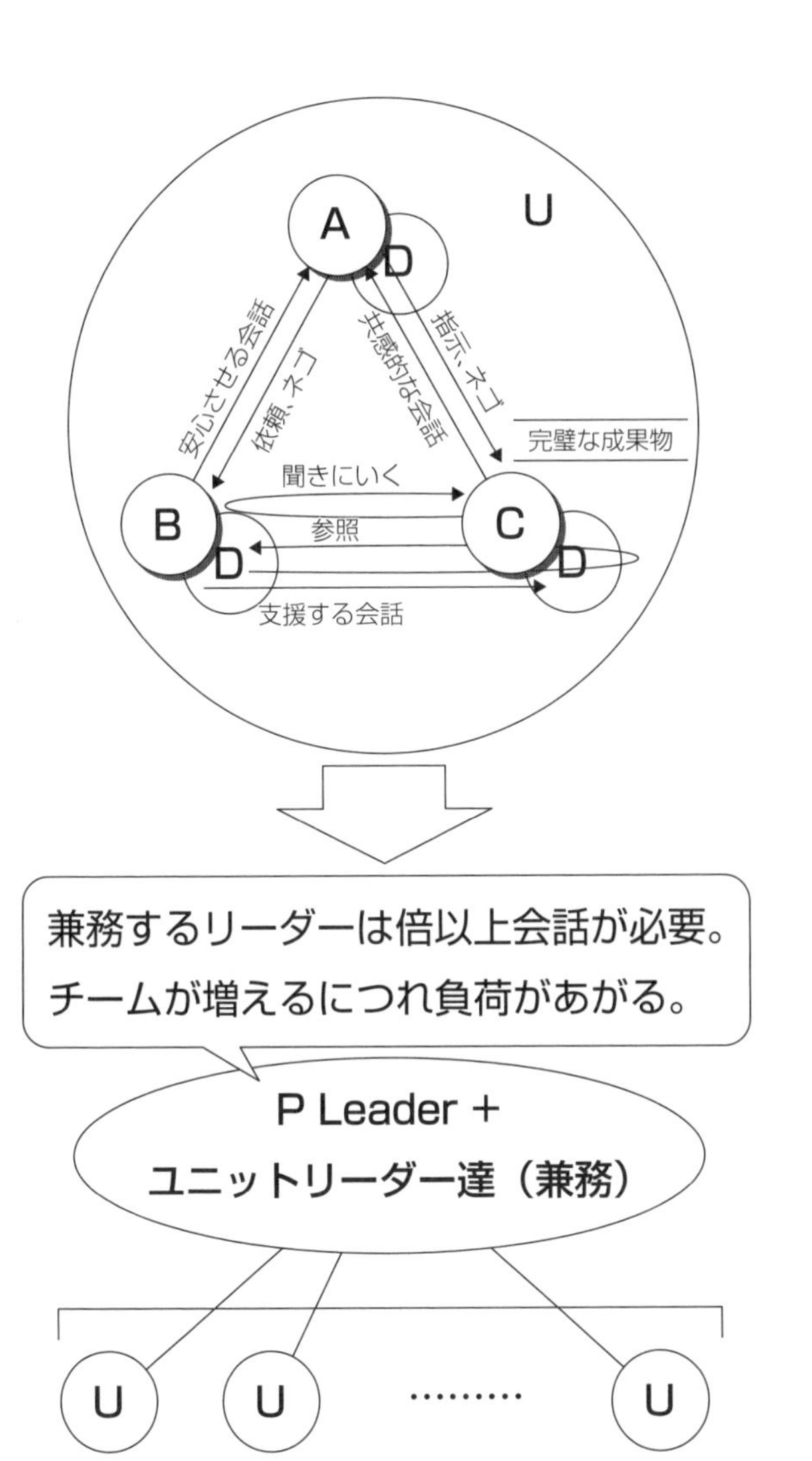

図3-2　関係性が複雑なプロジェクト(ヘッドクオーター型)～50人くらいまで

なぜそんなに仕事をするのか？　単純に自分のチームでもよく会話をし、かつヘッドクオーター内でもそれ以上によく会話をしているからですね。

楽しいが疲れる。やりがいはあるが綱渡りです。綱渡りなのはチームの数が増えていくと、後に別コラムで示す人間の認知限界数に近づくため、同時に考慮できなくなってくるからです。この状態で決断を下すと、あるチームの都合をまったく考えずに進め方を決めてしまうということが発生します。そのせいで決定事項のはずが覆ったり、そうでなくても一部やり直しの部分が発生したりするなどしてしまいます。プロジェクトが進んで大変になってくると負担はどんどん高まっていきます。この状態はうまくいっていても危うい感じがなんとなく漂っています。

03-02 複雑なプロジェクトのさらなる拡張

次に50人以上のチームの管理方法を説明します。

人数が50人くらいを突破すると先のやり方は限界を迎えます。どうしても末端が制御できなくなるため、タスクフォース的だったヘッドクオーター方式が機能不全と見なされ、やり方が改まります。

不幸な場合、中心人物が統制を放棄して図３－１の形に戻してしまい、相互の調整は勝手にやってと丸投げしてしまう場合があります。私はこの組織を千手観音型組織（図３－３）と呼んでいますが、ほぼ組織としては機能せず、死に体に近くなって再整理を待つ状

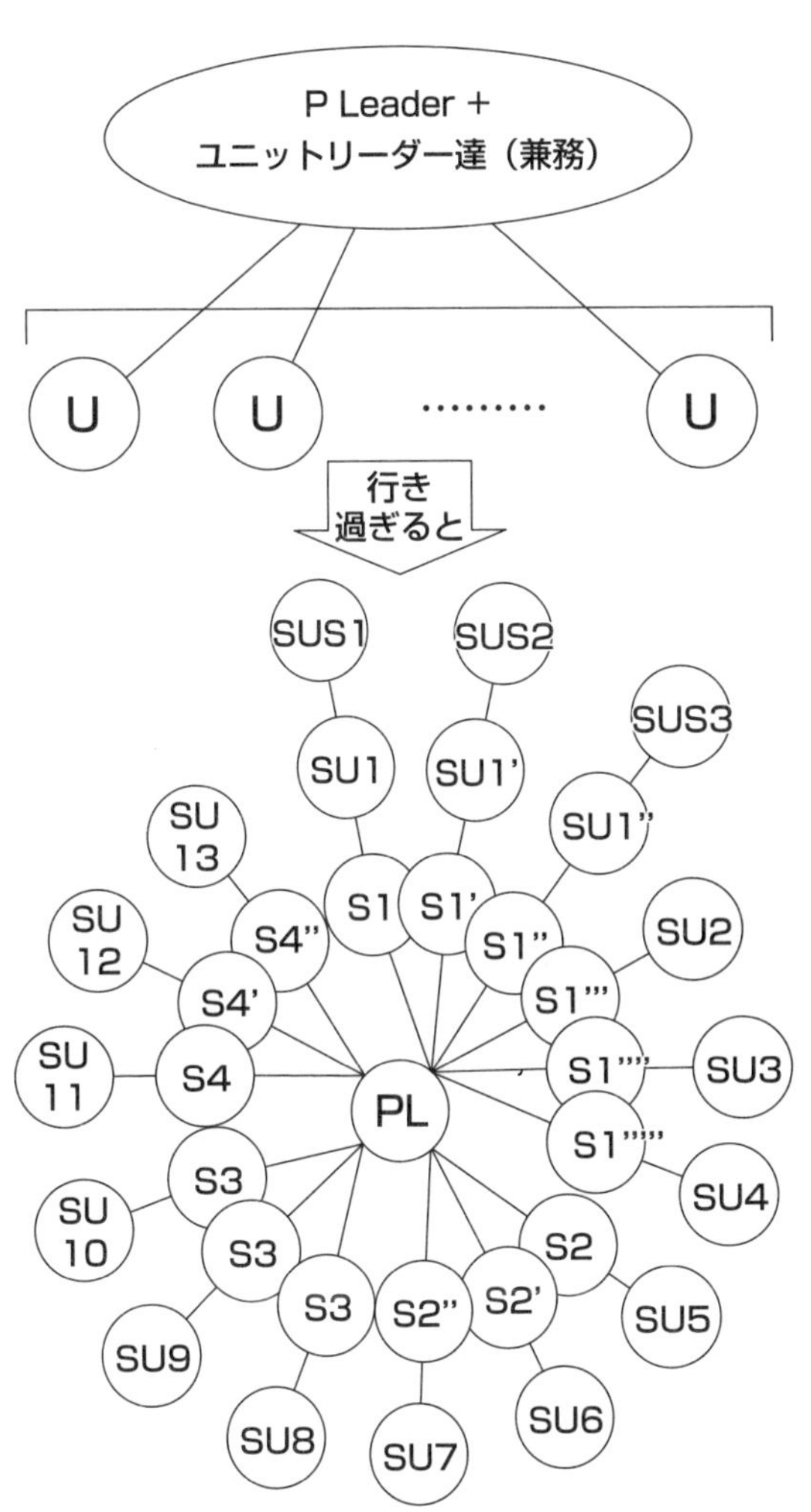

図3-3　失敗してしまい収束させるのが大変な組織例（千手観音型組織）

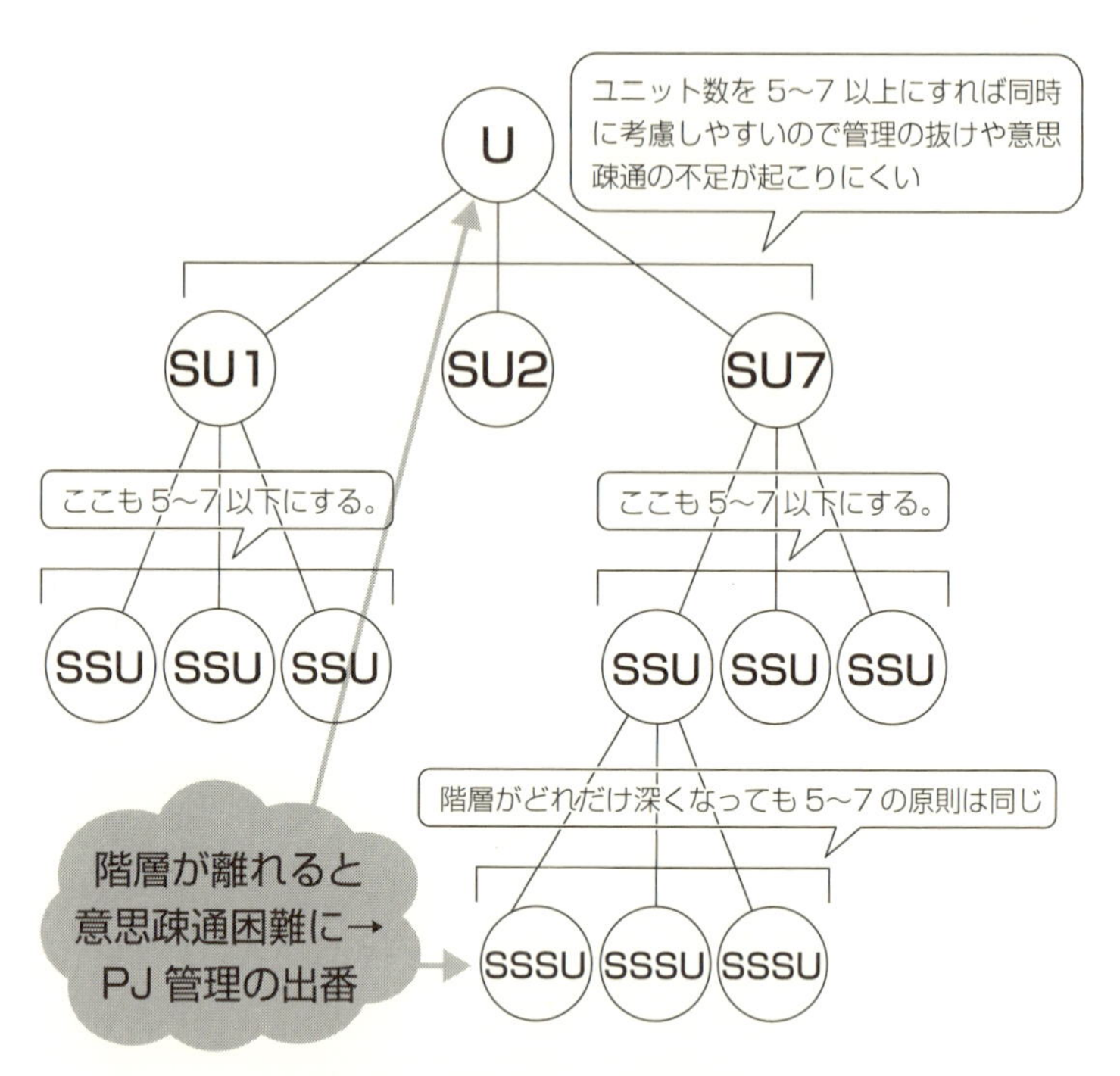

図 3-4　大規模組織の典型例（適切な隣接数配分と PJ 管理が重要）

態となってしまいます。この状態にしてはいけないということは心に留めてください。

幸運な場合、待っているものは所謂普通のピラミッド型組織構成です。図3-4をご覧ください。

まあ、そう大幅にやり方が変わるわけではないのですが、先ほどからの認知限界を超えないように縦に深く階層化する考え方です。

ただし、ここで新しい問題が生じます。隣り合わないチームが増えるので、全体の方向性のキープが相対的に難しくなります。このような大規模チームの全体統制を有効に行うため、従来のプロジェクト管理は発展してきたといえます。これは教科書があちこちにあるのでそれを参考にしてください。ただし、最近結構迷彩化してしまっているものが多いので、注意が必要です。

このチームを作る際に重要なのは階層化をする時、認知限界の数を超えないよう隣接するチームや個人の数を制限し、会議などで全チームの総意を叶えることができるようにするのがポイントです。

この話は極めて重要なので、本書の最後で再度議論させていただきたいと考えています。

休けい所　認知限界の話

人間の理解できる文は関係代名詞を7つ使った文書までで、それ以上になると理解できなくなるということが言語学者の間では言われています。

人間の脳の中にワーキングメモリという領域があり、ここに入れられる個数は決まっていて、それ以上同時には保持できないらしいです。脳のトレーニングを行うと増やせたりするのかもしれませんが、普段の行動で扱っている数を超えるとやりづらい、やり切れないということではないでしょうか。

このことから、機能ブロック図など大きな図面や階層化分類などは、7つ以上に分けると同時に組み合わせて考慮できなくなるので、検討のヌケモレなどが発生しやすくなるという仮説があります。

検証のため実際脳トレーニングソフトで試して、その脳トレ・コミュニティの情報を見ると、個人差はあるが同時に取り扱えるものに壁と呼ばれる限界があるようです。

私個人も継続的にトレーニング中なのですが、あるメニューを同時に7つできるようになってから、同時に8つできるまでほとんど毎日やっていたのに2年くらいかかりました。壁を越えた時は記念日です。

すぐには克服できない限界がある以上この手の設計は分けたり、くっつけたりを繰り返し各階層のアクターを7つ以下（メンバーの能力で5つ以下とか4つ以下に変える必要はあるかもしれません）に抑えて進めなくてはならないと考えています。

多分宇宙開発プロジェクトのように期間が5年もあるならいざ知らず、普通のプロジェクトの期間中にメンバーの能力がそこまで向上し、覚醒・開花することを期待するのは無理があります。

先輩のエンジニアが元である階層の全体図を綺麗に描け！　と強調されていたなかに、このように数を減らしてシンプルにしろ、という心があるのではないかと思うようになりました。

また、先ほどの脳トレですが、循環して時々〝同時に7つまで〟に落ち着くのがこの5年くらい続けた実態でして、あんまり頭は良くなっていないみたいです。

これが人類の限界か、駄目な自分の限界か、55歳という老化によるものか、一生やり続けてやろうと思っています。

組織の問題でワンマンに部下100人以上というような千手観音型構造を作ってしまうことがありますが、中心にいる人物が全体をまとめて漏れなく統括できなくなり、投げっぱなしになってしまう問題が生じています。

本来非常に優秀な人物を中心に据えると思いますが認知限界の壁を越えられるはずはないので、その人の有用性を棄損し、何もできない立場に追い込んでいるように思えるのです。昔は周りが気を利かせて、中心人物には同心円状に取り巻きをつけるようなことをしていたような気がしますが。

昭和のころは大家族で、非常に大きい数の人間を同時に扱うようなことが多かったので、自然に行われていた気遣いが今は核家族となり、日本人全体がこの種の問題に気づいていなかったり、弱くなったりしているのではないでしょうか？

第4章　共通する阻害要因からの抜け出し方（共通阻害要因1）

――最近プロマネをやるのが嫌という話を聞くことがあります。

また、プロマネは怖い存在で無理やり皆に仕事をさせているという印象を持っている人もいるようです。

これまで述べてきた私の思っているＰＭ像とずいぶんちがいます。

そんな怖いプロマネ像は嘘で、本当は序章のＷさんのように皆を活性化させる、楽しくやりがいがある仕事なんだとわかってもらうのが本書執筆の目的の1つなので、巷にはびこっているちょっとよろしくないプロマネたちの成り立ち、原因、そうならない方法を示したいと思います。原因はけっきょく共通のパターンになるのですが、パターンが結構一杯あるので、この章ではその原因の主要な一部と対策を紹介したいと思います。

その他は本書の後半にある程度入れますが、収まりきらないので、また、別の書籍にするかもしれません。

04-01 複雑なプロジェクトに対峙した人々

プロマネも何十年もやっていると自分で実行するより、プロジェクトを見張って直したりする仕事が多くなってきます。すると、よく同じパターンで停滞、若しくは後退していることに気づきます。うまくいかないほうがむしろ当たり前でそのために遅れている。当たり前なので皆放置してしまい、誰も手伝わずプロマネだけが脂汗を流して奮闘している……。これは普通のことなのかというと少し違う気がしていました。というのは私が若かった昔は皆手伝ってくれていたからです。

どうやら手伝ってくれないどころか、「変なことをやっている、お前が悪い!!」というような雰囲気に段々変わってきたような気がしています。

このような雰囲気のなかでは頑張ってプロマネをやろうという気もなくなるでしょうし、逆に周りに呑まれないよう、虚勢を張って周りを無理やりコントロールするような人も出てくるのではないかと思います。これが〝怖いプロマネ〟の一例ではないかと考えています。昔はプロジェクトをやっていると〝頑張れ〟というような励ましを受けることが多かったのですが……。

この原因が前章までの話とつながっています。実は世の中が複雑になったせいで難しいプロジェクトが増えているのが原因の一部ではないかと考えています。インターネットやスマホなどのＩＴ（情報技術）で世界中がつながると、世界はどんどん複雑になっていきますよね。そういう環境ではその状況に起因するいろいろな問題が発生します。

ちょっとどういう問題か想像がつかないでしょう。これを解説していくのがこの章の目的です。そんなものを理解して何かいいことがあるかというと、人間は問題があると無意識になんとかしようとするので、既知の問題は既知であるというだけでどんどん対策され小さくなり、文字どおり過去のものとなっていく傾向があるのです。ざっくりいうとまず問題を理解すると半分終わった状態です。理解さえしていればとりあえずそれから逃げることもできますし、時間稼ぎで悪化を食い止めることもできなくはないです。そのうち問題をやっつけてくれる人も現れるかもしれません。でも問題があるのに気づいていないとしたら、これはだめなので、まずしっかり理解しましょう。ここでこれを強調するのは人間には問題を見たくなくなる、ある本能に根付いた（アーキテクチャ上の）問題が存在するため、無意識に問題を理解せずに済ませようとする力（ベクトル）が働き、見ないで済ませる駄目な状態が当たり前→諦めの行動パターンになるからです。

前記のような複雑な難しいプロジェクトは最近に限定されたことなのかというと、複雑で難しいという条件さえ揃えば以前にも起きていたようです。

歴史上代表的なものとしてアメリカのアポロ計画に代表される宇宙開発プロジェクト群があります。実は参加メンバーの幸せ度は初期のころ、あまり高くなかったようで、離婚率が非常に高かった等報告されています。本来は母国の未来を切り開く希望に満ちたプロジェクトだったはずなのに……。

けっきょくそれ以降の30年で、あちこちに非常にマージンを持ったプロジェクトを運用するルールになっていきました。序章で述べた子アームの例ではないですが、5年以上もかけるのが当たり前という標準で動いて発生する問題を、少しずつつぶしながら解決していくようなアプローチになっています。つまり難しいプロジェクトはある程度時間とコストをかけてきちんとやっていきましょう、ということがこの30年間で確立してきました。

これがアメリカ流の宇宙開発を輸入した日本でどうだったかというと少し違いました。日本では前記のような苦しんだ経験がなかったからかもしれませんが、期間やドキュメント体系は真似したのですが、コストはもっと削減してという方式になりました。普通は破綻するはずなのですが、前章までで述べた協力が充実している日本では、職人芸的になんとかしたと言われています。

私が整理する前から日本ではＨモデルは理想的に運用されており、その高度な完成度により、日本の宇宙開発は無数のベースモデルチーム内にいる犬・猿・雉役の人に効率的に、プロフェッショナルに分散処理されていたと考えられます。もちろん逞しく成長していく中心人物（桃太郎役）の推進力に支えられて。そのことにより、アメリカに比して予算が10分の１なのに世界最先端レベルをキープしていると思われるのです。

ロケットエンジンの部品や電子装置などそれぞれある人、あるいはあるベースモデルチームが作ったものでないとダメなのです。彼・彼女・彼らの極めたＡＢＣ能力の発現が見事に実を結んで紹介され世界を唸らせています。

04-02 困難な状況における本能の誤動作（高所恐怖症）

さて少しわき道にそれたので元に戻しましょう。

複雑化するプロジェクトで問題が発生する構図について原因をいろいろ考えていたので

すが、なかなかこれといった形にできないでいました。しかし最近Hモデルにより理想系の定義ができてから、それに照らし合わせて見るという新しいアプローチを取ることができるようになりました。理想のベースモデルだとこう動くはずなのに、違う動きをしている。その差をよく観察していくとあぶり出されるように、共通の問題として見えてきました。

第1章のベースモデルの話でも述べた防衛本能的な行動ですが、これが本来の目的とずれた動作、誤動作していると考えています。この誤動作が見えづらいのが問題に大きく関わっていると推定しています。

人間に備わった本能の役割は外敵から逃げる・隠れる、あるいは獲物を仕留める・欺くという点が重要です。それが相手によく見えてしまうと当然逃げられないように、外敵はすぐに襲ってきたり、逆に獲物に逃げられたりするので、本能で動いている人の反応は他者からは一見してそれとわからないよう隠蔽して働く特性を持っています。

さらに働いている当人にもわからないことが多いようです。これは身近な例でいうと、テレビ番組のなかで芸能人の度胸試しとしてバンジージャンプをするという企画がありま す。このような番組のなかで時々飛べない芸人というのが紹介されることがあります。

カメラが回りだし、皆がいつダイブするのか固唾を呑んで見守るなか、どうしてもダイブにいけない。時間だけがどんどん経ってしまう、という状況です。当人はもともとこの企画に乗って現地の番組収録に参加しているので、やる気がないはずがありません。それでもどうしてもいけないのはなぜか？　シンプルなことです。生存本能にそんな危険なことはやってはダメ!!!　と羽交い締めにされ動けないだけですよね。でもその当人にはその羽交い締めの外し方が皆目わからないのです。羽交い締めにされていることも意識できず、ただ怖いと思うだけ……。

これでは他人に説明できないどころか自分に何が起こっているか自覚もままなりません。よってそのような人たちが私のプロジェクトに参加していると、私にはなぜかプロジェクトを失敗させようとする人に見えていたのだとわかってきました。

つまりやる気はあると言い、頑張っているのに結果としては動いていない人たちです。

恐らく私がいけないのです。ごく簡単なようにこんなことを言っていたと記憶しています。

「危なさそうな所を見張って報告してよ。他の報告はいらないから」

でも、そういう危なさそうな所は報告されること自体が少ないのです。問題ないところを頑張って報告してくる。皆〝感度が低いのかな？〟そう思って気になる所を見にいくとやはり少し悪い状態になってきている。慌てて直す。でまた「危なそうな所は事前に報告してよ！」と言う。そういう繰り返しです。

〝もうちょっと皆アンテナ高くしてよ〜〟と思っていましたが、実は先ほどのバンジージャンプの例えでいうとこういうことではないでしょうか？

（1）危なさそうな所を見張れというのを素直に理解すると、いつも崖の縁ぎりぎりを歩いてその真下を覗き込んでいろと強要されていると感じる。
（2）したがってとてもできない。が、なんとか実行しようとすると怖くないぎりぎりまで崖に近づくが、真下は見えない位置をうろうろしてしまう。
（3）このうろうろしている部分が本能の隠蔽効果により、他人に見えづらい（平然と動かないように見える。実は当人はパニック）。
（4）その結果、真下で火事が起こっていてもボヤの間は気づかない。
（5）猛烈に煙が上がってきて初めて気づき、大変なことになっているという話になる。

よくプロマネの間では困った人を例える時、マッチポンプと言います。これは自分でマッチで火をつけて、燃え上がったところでポンプを使って水を汲み、全力で消し止めるという意味で、物事がおかしくなるのを放置していたくせに後になって救援にまわり、散々時間をかけてなんとか解決してその手柄を誇るけしからん人ということです。これが実は前記の（1）～（5）に示す当人にとっては限界の行動が、そう他人に見えているだけかもしれないのです。このような場合、当人は頑張ったと主張するし、見にいけと命じた私が悪いといわんばかりです。

解決方法は？　そんなのたいしたことないです。崖下の例えでいうと、崖から離れて鏡をくくりつけたマジックハンドを崖に伸ばし、鏡に映る下を見ればよいのです。鏡に映った映像とはいえ、火が燻っているのは見えますよね。若しくは鳶職の人と友達になってその人に見にいってもらえばＯＫです。実際のプロジェクトに翻訳すると現場は怖くて行けないにしろ、日々の作業実績のレポートは怖くないですよね。それを見れば遅れているのはわかります。また知らない現場にいきなり行くのは怖くても、そこに慣れた人はいるのだからその人と仲良くなってどうなっているか詳しく教えてもらえばいいんです。ここでのポイントはその実績のレポートを書く人や、現場に詳しいことになっている人が本能的に動いた場合（ビビッてしまっていて現場を見ずに見たことにしてしまっているなど）は実態がわかっていないので、レポート上は順調と報告してくることです。この場合レポートに機械的に順調と書いてあるので、その固有のおかしさを感じ取る能力がないと実態把握が遅れます。

私の反省はこの間接的な方法を教えてあげればよいのに「なんで見にいかないんだ!!!」と激怒していたことです。先ほどの立場の人からすれば「それは無理な相談です。私は800mの断崖絶壁に近よったこともなければ、その下を見にいくなど想像したことすらありません。そういうことはあなたがやるべきじゃないですか?」ということになります。

自分が危険なプロジェクトを渡り歩くうち鳶職の職人のように不感症に近くなり、崖が怖くなくなって、断崖絶壁の上に立って仲間に「おーいこっちに来いよー」とお気楽に言っている状況ですね。行けるわけないですよ。私もプロジェクトは怖くないんですけど高いところは怖いので、こう置き換えてみて初めて自分が無理を言っているのに気づいたところです。

いやこれは無理を言っている私が悪いんです。過去の私のプロジェクトのメンバーの皆様に伏してお詫びさせていただきます。

プロジェクト管理で自分がどう把握するかという点こそが重要なはずなのに、どのツールを使うかという方向に走る人が多くて不思議な感じがしていたのですが〝自分で見にいくのは無理だから〟先ほどのマジックハンドのような〝ツールを使う〟と考えれば凄く納得できます。

04-03 さまざまな誤動作

そういえばいろいろなプロジェクトを行っていたなかで、相手のできそうな限界ぎりぎりをうまく推定できた時、大きな成功につながったという経験を持っています。

人間はできそうな限界で能力が伸びる生き物なのです。漫画のような生き返る薬は実際には存在しないので、死ぬまで頑張れなど言うだけ無駄で意味ありません。皆逃げるか本当に体をおかしくするかしてしまいます。見極めた仕事の設定で人の能力開発がうまくいくかどうかの成否を左右すると言えるでしょう。

後ほどまた紹介することになるのですが、このような当然できない無理をできてしまう蔦職のような人が偉大な業績を挙げ、他人を御してきているのかもしれません。

でも実際はそういう人は非常に希少なので、そうでない人が上辺だけを真似してプロジェクトを率いているというような場合も、本章の冒頭で述べた事態になります。「頑張れ見にいけ、なんとかしろ」というだけでは引っ張っていくことはおろか、「自分も見にいかない、支援もできない」となれば皆ついていきませんよね。

少なくともリーダーは優れた人であるようにすべきです。その人は個人で何かしら卓越した能力があるかどうかがポイントです。直接見にいって仕切れるのがベストですが、他人を笑わせるのが上手というだけでも全体が硬直するのを防ぐことになるので、支援と言う点で有能なリーダーです。

逆に何かしら他人を脅して動かすのが得意という特質を持つ人はその場だけは凌げてもけっきょく全体を硬直させるせいで効率を押し下げ、破滅への道を歩ませてしまう宿命を持っています。したがって有能に見えても押しつけるのが得意な軍隊や家長制度型以外の人がリーダーとなるべきです。

これはヨーロッパで第2次世界大戦時の反省から、恐怖を駆使する絶対君主を排除しなくてはならないという考えの延長です。無理に押し付けるタイプのリーダーは、うまく仕掛けた無理押しが通ればその一瞬は自分の実力以上のものを手に入れられるため、いい気になってしまうのです。狼が来たという少年は最初のころ、大人たちを自由に操れるわけです。しかし、その後、普通に処理する実力は持っていないので、その状態を維持するだけでも無理を重ねざるを得ず、脅しで周りの動きを硬直させるため、その場凌ぎが徐々に苦しくなり、より強力な無理押しの方法に依存せざるを得なくなります。周辺で躍らされていた人々も段々わかってきて相手にしなくなり、より一層強硬な手段に出ざるを得なくなり……という悪循環に陥り、急速に自滅する傾向にあります。やはり無理押しは長続きしないため、プロジェクトではほんの一瞬しか使ってはいけない劇薬です。

先ほどまで誰でも一度は経験のある高所に対する心身症を例に話をしてきましたが、実際はプロジェクトが高いところでやっているはずもないので、無意識が勝手に高所と置き換えて誤動作しているということになります。実はいろいろな類似の本能の誤動作が共通的な阻害要因となっています。つまり自分の状況を〝危ない〟と思うと、理解不能な状況ということにまず耐えられないので、何かに置き換えて解釈しがちです。繰り返しますがプロジェクトに高所なんかはありはしないので、どこに行っても墜落したりするはずはありません。でもそう置き換えてしまうのです。理解できないことのほうが不安が大きいので、心の平安のために間違っているとしても置き換えてしまうのです。どういう置き換え＝〝ありもしない仮想的な状況〟でバーチャルに困っているかを理解するのが高度なプロマネ技法の入り口です。他の例を挙げると、ある人は仮想敵が味方にいると勘違いして延々と内輪もめを続けます。それを当人が誤解だと認識すれば、無駄なエネルギーを使っているだけであることにはっと気づき、問題は解消します。

ここからその代表的なものをいくつか紹介します。皆困ってしまっているのですが、誤解を解くとあっけなく解消してしまうというものなので、特に恐れる必要などなかったりします。

メガロフォビア

高所の例えで説明していた良くない行動パターンですが、巨大なものにたいする防衛本能の誤動作も多いのではないかと思っています。高い場所にも命の危険を感じますが、とても大きなもの（Great Thing）にも人は防衛意識を感じます。

でも世の中にそんなに巨大な怪物など、想像上の生き物しかいないと思われるかもしれません。だからこの問題はその存在が気づかれにくいのです。そう見られかねないものが結構いるのです。それは〝システム〟です。

大きなものに対する心身症をメガロフォビアといいますが、システムを取り扱うプロジェクトでメガロフォビアの誤動作に基づく混乱が起きる、これがメジャーパターンです。

１０００万人の会話・データ通信を処理する携帯電話の基幹システムなど日常的に使用していますが、それは実際に巨大で日本中に広がったものです。他にも巨大なビル管理、10万人の組織管理等々、現代は巨大な〝システム〟で一杯です。

以前はＨモデルのような、それを開発運用している組織の可視化の技法がなかったため、これらは見える形に整理されておらず〝曖昧で巨大な何か〟に見えています。するとこれは怪しい大きなものですから〝怪物〟のイメージになってしまいやすいのです。ここで動物の防衛本能により大きな相手は見なくなる現象が発生します。肉食動物同士はお腹が一杯の時に出会うと目を背けあうそうです。これは注視するのは相手を攻撃する（喰ってやる）サインであるため、戦いを避けるために備わった共通ルールです。つまり恐怖というわけではなく、平和のための本能であったりするわけです。

〝曖昧で巨大な何か〟を大きな生き物のようにイメージしてしまうと、人間でも前記の本

図4-1　巨大なシステム　見るな・触るな・混ぜると危険

能から見たくなくなります。少なくとも重要な部分（目とか中心）を見るとその大きな生き物に喧嘩を売っているような気分になるので、すごく気持ち悪くなったりするわけです。

それゆえに重要な部分は見ないで、どうでもよい足の先や尻尾とかを見るような現象になります、平和な気持ちで。なにやらわかってきた方もいませんか？なぜかシステムのキーマンがおかしくなり重要とはとても思えない〝重箱の隅を嬉しそうにつつき始める〟というやつです。他にも距離をとって後ずさりしながら遥か遠くから見る（正に〝腰が引けてる〟というやつです）とか、動きを完全に止めて目立たないようにして、決してその方向を向かずに目の端で（まるで他人事のように）見るようなことが、システムを扱うプロジェクトでは発生しだします。

応用例で言うと全体が眺め回せないので、その一部だけで作業を始めて良しとしてしまい、その他の部分にまったく手をつけないで時間を使うなどがあります。これもそのまま報告されることはまれで、ある段階でシステムに大きな欠落部分があるのが発見されるという形で大騒ぎになります。見積もりモレや作業不足ということになっています。本当は防衛本能が見るべきでない＝〝戦いになるから〟と、主張しているから見てはいけないと丸め込まれているんですけど、怖くて見ていないだけだと誤解されることも含めて、とてもそんなことは言えません。

私自身にも経験があり、その時私は〝これは私の仕事じゃないな〟と確信していました。何年か経って見ざるを得なくなった時、あれ？　なんで今まで見ていなかったのだろう？と不思議な気分になったことがあります。

災害など組織を跨る大問題が発生した時の機能不全のパターンとして、よく語られる行動だと思います。

防ぐ方法は２通りです。

まず、自分がそうなっていないか前述の行動パターンに合わせて考えてみることです。

いったん冷静になって自分の仕事の優先順位を考え、もし優先順位の低そうなものを一生懸命やっていることなどに気づけば、無意識になにか怪物めいたものを妄想していて、優先順位の高い作業を後回しにしている可能性があります。

本当はそんなものはいないことを理解してください。場合によっては仲間や上司の妄想に影響されているかもしれません。それならまず自分が冷静になって彼らを休ませ、妄想を取り払ってあげてください。すぐにはなかなかできないかもしれませんが、システムのなかに怪物などいはしないのです。自分の心が作り上げた虚像でしかないのですから時間をかければ変な恐怖は消えていきます。

もし、どうしてもできないのなら、働く職場を変えるという選択肢もあります。世の中、皆が鳶職になれるわけではありません。怖がっている自分に気づけばきっぱり身を退くのも選択肢の1つです。

なんとか幻影を消して、まず自分が大丈夫になれば周りの人を治しましょう。とにかく皆をリラックスさせることです。明るい雰囲気や楽しげな表情、アイスブレークやユーモアなどで笑いをとれるようになると、硬直している人たちを少し動かせるようになります。

ピンチの時ほど無理して笑ってみせる何人かの先輩方の笑顔の記憶が、今の私を支えています。

逆にここで強権的に押さえつけて無理やりやらせると、その場はできたとしても恐怖の元となっている妄想は消えないどころか強化されてしまうので、硬直している人々はその後もプロジェクトで問題を起こし続けます。

次に、怪物がいないのを皆が頭の中で理解したのならシステム全体を描いた絵を皆で見ることです。本物は怖くても絵を皆でみるのなら大分楽になるはずです。その絵を前に皆で議論を進め、そうすることで怖い怪物から愛すべき仕事の対象へと変化すればしめたものです。

プロジェクトは好転し始めます。その絵を描く人の負担がとても大きいことを除けばとても有効な方法です。全体スケジュール表、システム概要図とかですね。

ではどうやって負担の高すぎる絵を描くのかというと、ここがプロマネの頑張りどころ、頑張らせどころです。プロマネがシステムを一番わかっているわけではないことも多いので、わかっている人同士で協力してやり遂げましょう！

勢いに任せて端折りすぎました。これだけでは不親切すぎるので少し絵を書いているシーンの例を紹介しておきます。

まず序章のWさんではないですが、あまりわかっていない人に真っ白なホワイトボードに最初のブロックから書き始めてもらいます。その人の思っている構成を書きだしてもらうのです。〝目の悪い人は蛇が怖くない〟の例えの通り、わかっていない人の方が蛮勇を奮いやすいのです。これをわかっている数人が見ているとそのうち〝いや違う〟と言い出します。

〝こう直せ〟というのですが、書き手がよくわからないのでうまく直せません。その部分を言い出した人に書いてもらいます。全体を見るのを避けていたせいで2人でもやっぱりわからない所があり、それはそこがわかる別の人に付け足してもらいます。

そのうち5人くらいで分担して同時に書き出したりします。

大事なのは最初から全員集めることです。少し時間が経ってから途中参加すると既に絵が最初の小さく1個のブロックが書いてあった段階からすごく大きくなっており、見たくなくなってしまうのです。途中参加すると気が引けるという状態です。手分けして皆で書く状態になれば　みんなで渡れば怖くないの例えの通り、システムに対する恐怖心が消え去り、システムに対応するシステムチームが機能しはじめることになるのです。

と説明してはみたものの、最初からこれがうまくできれば苦労はないわけで、このような場合は私やシステム屋さんといわれる人を呼んでください。その人たちの真似をしてやるのが最もスムーズです。

対人恐怖症

次によくあるのが、第1章や本章の前半で紹介した、絶対君主のような脅しを演出する人に対する防衛本能の誤動作〝対人恐怖症〟と呼ばれるものです。先ほどのメガロフォビアみたいに英語でないのは、日本人に多いため英語でも〝Taijin Kyouhusyou〟だからです。

日本では教育程度が高くて弁が立つ人が多く、かつ人口密度も高いからでしょうか、外国に比べて非常に多いようです。先ほどの大きいものは見ないほうが平和と考える人たちが、自分以外にやらせようとする構図などが多いようです。けっきょく、無理押しするのですが、自分ではできないくせにやらせるため、ＮＯと言えない雰囲気を作り出して無理な要求が出される、ということになり皆困ってしまいます。実際は命令を下した人にできないことをその部下たちがすらすらできるはずもないので、部下たちは誤魔化すことになってしまいます。この傾向に防衛本能の誤動作が加わると、ＡＢＣＤのタイプで明確な差が出てくるのです。恐怖症という名前になっていますが、実際は恐怖しているわけではなく、無理な要求を次々繰り出すとんでもない人をどうあしらうか困っている程度なのですが、相手を怪物、怪獣くらいに誤認識しているので行動がおかしくなります。

Aタイプはネゴが封じられ相手との駆け引きが不可能になるため、子供のお使いになってしまいます。本来のスタイルであるプロジェクトのフレームワークを作り、統制することができなくなるということです。よって代理人ではなく単なる〝お使い〟になり、せめてネガティブな印象とならないよう、可能か否か関係なく「やります」「やりたい」「こうしたい」とアピールして乗り切ろうとします。

勇気ある行動で失敗を恐れないと考えていますが、できないものに対してAは本能的に距離をとり、危険回避する性質があるのでそれが裏目にでます。Aは自分の身を犠牲にするのは厭わないのですが、代表の自分が無駄死にするのは絶対ダメと考えているので、無理な状況であればあるほどそこから離れるのが無意識の行動となります。

その結果、仲間へ業務依頼するところまではできるのですが、その後現場に無意識に近づかなくなります。依頼だけしてその後行かないので、その行為は難題を投げつけておいて放置・丸投げをしているように見えてしまいます。

実際は難題に苦しんでいる現場の状況ではその手を引っ張って連れていき、見せてあげると突然我に返り、やっぱり無理だと絶対君主に交渉してくれることが多いので、自分では丸投げになっていることに気づいていないのです。

このように交渉役のAが突破されプロジェクトのなかに無理な要求が入ってきてしまう状態になります。

Bタイプは本来たいていの要求は体で受け止めるタイプなのですが、無理な要求は受け止めることができないのでフェイントでかわそうとします。本来フェイントは〝少し動いて相手を大きく動かし、その逆を突くことでスムーズに勝てる〟というサッカーの高等技術のようなものです。

しかし、勝てない相手なのでフェイントをずっとし続けることになり、シュートしないサッカーみたいなものになってしまいます。

具体的には無理なことをやらされていると思うと、時間をかけないといけないので時間稼ぎをしようとします。その内容として「そんなことできない」とか「やれるはずがない」というような言い訳になってしまうのです。

無理な要求の度合いがひどいとBタイプ同士で「できない、やらない」の言い訳合戦のようなものを始めてしまいます。

実はBタイプは問題解決の専門家なので、とても時間がかかる解決策を既に見出していることが多いのですが、スムーズでないためそれは言い出せず無駄に時間を使ってしまうのです。言い訳をしゃべり疲れたあたりで我に返りますが、他のメンバーはあきれてすでに帰ってしまっているので、プロジェクトの進みが極端に悪くなります。また、フェイントの要素として、急に物わかりが良くなったり悪くなったりコロコロ変わるとか、突然怒ったり笑ったりしだすなど取り交ぜてしまうので、この人大丈夫か？ と思われることもよくあります。当人はプレッシャーで一杯一杯なので、自分がおかしくなって交渉相手にしかけるべきフェイントを、味方にもしかけているのに気づいていません。他人にいいがかりのようなクレームをすることもあるのですが、本気ではないのです。単なるフェイントなので。

Cタイプは前記のA、B両タイプがおかしい人に見えるため、自分は仕事をちゃんとやろうとします。しかし、無理な要求に力及ばないのが明らかになると、自分はともかく身内は守ろうとする行動を取ってしまいます。それは第1章で紹介したように身内にしかわからない資料に迷彩を施して実施することです。

不要な情報を大量に混ぜ込んでいるので他人が入れないようになっており、そのなかにできるだけ目立たぬよう溶け込み、自分の仕事を他者に口出しさせず完遂しようとしてしまうのです。

例えば週間報告書で妙にたくさん書きこんであります。問題が20個くらい箇条書きで書いてあるので、まず真ん中の1つを取り上げて「これは問題なんですか？」と聞きます。実はこれがCタイプの迷彩打破の唯一の方法で、嘘を言わない性質から自分の資料はちゃんと説明してくれるのです。すると質問の答えは「それは解決済みで問題ありません」となります。次々聞いていくと「それも問題ない」の連続です。「それではもう問題は存在しないのですね。よかった」と言うと、夢から醒めたように「いえ、一番上の行だけが今週の内容なのでそれは問題です」と言うのです。

なんのことはない、週報なのに1年前の問題も大事にとってあって書いてあるのです。それも最新は一番上に挿入してある。解決したかどうかは書いていない。これらのローカルルールがわからないと全然読み解けません。紙資料の時代は書く時間が必要だったので迷彩は作成に手間がかかるものだったのです。急がせればあまりひどいものは少なかったのです。今や電子媒体資料でコピーし放題なので、このような迷彩化資料が蔓延しています。

けっきょく、おかしい絶対君主を自分のテリトリーに入れまいとして努力するようになっています。しかし、この防御柵や防壁・迷路・カモフラージュとして作った迷彩が莫大な負の遺産として残り、プロジェクトがそれをベースに進めようとすると自然な妨害になってしまいます。組織の規模が大きくなればなるほど、さまざまな別ルールの迷彩が複合するようになり、組織のスピードが非常に鈍くなってきたり、迷走を始めたりしてしまいます。ルールや規則が増え続け削減されないというのも危険な兆候です。

これらのような形で主要なABCリーダーがおかしくなると、元来有能なリーダーであるがゆえに止めづらく影響が大きいためプロジェクトは大ピンチになってしまいます。これを早期に発見して落ち着かせ、我に返らせ悪化を喰い止めるのがファイアファイター（直接対決）型プロマネの真骨頂です。しかし、その実行は慣れているPMでもなかなか大変で早期に鎮火させられないことも多々あります。兆候を見つけたら専門家にまかせましょう。

説明しなかったDは本当に恐怖症になってしまい、シマウマのような行動になります。

つまり皆が動くとそれにシンクロして動く、止まると自分も止まるという、自分が絶対に目立たない行動パターンになります。ゼブラ模様のシマウマがこれをやると、とても大きな何者かに見えるせいか襲われにくいようです。〝こうなってしまうのはまあいいか〟と思う人もいるかもしれませんが、忙しい現場で、手分けして作業することがまったくできなくなるのです。いくら数がいても同じことしかできないので、複雑な作業はまったく進まなくなってしまいます。

これが最初にＡＢＣＤモデルではなくＡＢＣモデルだと私が誤解した理由です。ちょっと切羽詰まってくるとＡＢＣモデルになるのです。

＊＊＊＊＊＊＊＊

このあたりまではかなり正しくわかってきたのですが、他にも技術進歩の速さを暴走車両のように誤解するスピード心身症となり、うまくいっているプロジェクトに正にブレーキを踏んでしまう例、進んだ技術は魔法と見分けがつかない（アメリカのＳＦ作家Ａ・Ｃクラークの言葉）ことからなんでも技術者が悪いということにしてしまう例など、他にもいろいろと自分の解釈できないものを、心の平穏のために強引に解釈したことによる共通阻害要因は多くあります。百鬼夜行の紹介をするのも意味はないので、何かしらおかしいと思ったら、とにかく腕の立つプロマネを呼びましょう。

以上をまとめると本章で述べた共通阻害要因は、さまざまな防衛本能の誤動作による行動の硬直または空回りです。ところが本能の特徴により、硬直しているのが隠蔽され、まったくの手つかずや、大幅な遅れが見えなくなることが大規模プロジェクトなど難易度の高いプロジェクトの問題点です。

従来のさまざまな可視化手法に加え、Ｈモデルによる組織の可視化を行って、硬直傾向を早期に見つけ出して手を打っていくことが極めて重要です。

自分や他人の硬直傾向を打破すればプロジェクトは見違えるように進み始めます。

休けい所　ＴＢＤ確かに休憩ほしいかも

置き換えは妄想ゆえ人によって異なるはず。よってどのような仮想敵との闘い（恐怖症固有の症状）かはわかりにくく、それも見えないので他の人からさらに誤解されやすい。前記のエピソードで自分が気づいたように。

ある人はこれが問題だというと自分の責任と感じてしまう。責任感が強い人がそうなり、おかしくなる。これは不幸である。

対処方法は実はたった１つ。戦場では理由はどうあれ動きを止めたものが先に死ぬ。相手の出方を見ながら、予測できない動きをするものは、何も考えなくても一定の確率で生き延びる。

戦場の流れを読み、それを元に優れた行動をできるものが勝者となる。勝者となろうと努めることが、本当は敵などいないプロジェクトにおいては成功者となる。

流れを読めるものとなるためには……ここから講習にすればいいのかもしれない。

自分自身もここからはまだＯＪＴでしか教えられない。

第5章　仕事のサイクルとの関係と切り替えの大変さ（宇宙開発での経験）

――前章までは、さまざまな役割分担について述べてきました。

このような役割分担は必須なものなのでしょうか？　本当に1人でできないのかということです。実例を考えると難しいだけでできないというのは言い過ぎかもしれません。第1章に挙げた宮大工の棟梁のような人でなくても時間さえかければできるようです。というのは宮大工の棟梁のような人でなくても、世界にはそれをやらせてくれるプロジェクトが存在するからです。私の経験では宇宙開発はそのようなプロジェクトが多かったと思っています。まず、そのご紹介をさせてください。

05-01　得意分野切り替えの話

宇宙開発の現場では、設計の仕事の場合概ね5年かかります。

1年目の概念設計でビジョン・コンセプト・方式の方針を明確化。〝パン捏台モデル〟と呼ばれるコンセプトやフィージビリティ（できそうにないものを作ろうとしていないか試してみることをこう言います）検証モデルの試作実証を行います。この段階でわかるのは細かい所はともかく、このプロジェクトは多分実現可能だろうという類のものです。残りはざっくりいうとその後の詳細化を図っていくプロセスです。

２年目で基本的な設計と機能モデルと呼ばれる本物同様に動く実物の作成検証。

３年目で詳細設計（英語ではDetailed DesignではなくCritical Designと呼ばれる信頼性・安全性・非機能要件などを入れた設計）を行います。フライトモデルと呼ばれる実際に使われる製品を作ります。

４年目でどう運用するか計画、設計を行い、５年目でロケットを打ち上げて運用となる段取りです。

１年目は5年後に打ち上げても日本代表として世界に誇れる、つまり世界一の製品を望まれるので、HモデルでいうBタイプの仕事がメインになり、技術やトレンドを必死で調べてこれなら古くならない（だろう）というものをなんとか見つけ、機器のシステム設計をざっくり行います。試しに作るものも、ほとんど手作りの本物とは似ても似つかぬものであることも多く、完成イメージは想像図の域をでなかったりします。

２～３年目は実際に動く物を宇宙独特の非常に細かい段取りとレビューをこなしながら

実施するきめ細かく複雑な作業なので、Cタイプの仕事になります。作る前にリアルなイメージを完全に固めてそれを周囲に説得し、納得させ、レビューを繰り返して仮想から実物への変換を、ステップを追って正確に実現するプロセスです。

4〜5年目はめでたくできあがった製品を打ち上げ＋運用チームに渡すため、いろいろ調整して運用を決めていき手順書化することになります。

実際やってみると、製品を複数組み立てて人工衛星などを作るので複雑極まりないシステムであることからうまくつながらないようなことが時々起こります。こうなると大変です。複数の製品のどれを直すかという議論になるのです。先の2〜3年目の非常に大変な作業のやり直しになるので関係者全員が〝自分はやりたくない〟という気持ちを強く持ちます。でも誰かが直さなくては完成しない。そこで皆必死で交渉し、本来やるべきは誰かを喧々諤々議論するハードネゴシエーションの世界に突入します。これはAタイプの仕事で相当頑張ってやらないといけません。これら5年間の仕事を別々の人がやれればいいのですが、前章で述べた日本型宇宙開発の特徴で、5年もかかるプロジェクトに人員を潤沢に割り当てられるはずもなく、1人の担当しかいないことすらあり、その人が毎年違う役割の仕事をする、つまり人格を切り替えながら仕事をする必要があったりします。

このフェーズの切れ目で奇妙なことが起こります。私自身の経験なのですが、全力ですぐに新しい仕事に取りかかりたいのに仕事が手につかなくなり、非常に頭痛がしました。これではいけないと思って残業して頑張りますが少しも進まないのです。この当時は毎日23時半まで仕事していましたが、まるでダメでした。ところが不思議なことに数日（３日～７日くらい）経つと普通に動けるようになってきます。頭痛も治ってきます。

後述しますが、これは脳のよく使う部分の切り替えが行われ、新しい思考パターンが馴染むのに時間がかかるためだと、最近になって理解しました。全力でも１週間も逡巡するなど相当なコストであり、心の準備というのが実際は大変だという実感があります。

その当時も同僚と脳の配線を張り直しているんじゃないか？　というような冗談を言い合っていた記憶があります。

最近いろんな人にヒアリングしたところ、仕事内容がよく変わる人は大体似た経験をしているようです。むしろ１週間程度であれば短いほうだと言われました。私の経験は同じプロジェクト、同じ職場のなかで立場や仕事のやり方が変わっただけです。海外の支部への赴任など、もっとありとあらゆる仕事の条件が変わった人たちの経験を聞くと、とてもつらい時期が数か月もあるという話を多く聞きました。

ただし、このような切り替えも何回もやっているとそのうち慣れてきて、以前やっていたことは結構早くやれるようになってきます。逆にいうと人材をローテーションしないとこの経験ができないため、新しい環境に耐えられない人を育ててしまうリスクが存在するとも考えられます。

人格パターンの切り替えも可能ではないかと思っています。しかしコストは大きいし、やはりネイティブには一歩劣ると考えたほうが良いでしょう。数十年かければネイティブも変えられるかもしれないです。というのは私の経験では1つの仕事に精通できるのは電気少年であろうが、製品開発であろうが、システムエンジニアであろうがそれぞれ10年くらいかかったので、それくらいかければ同じになる可能性はあると思っています。

一般的にも職人芸の域に達するには10～20年はかかるといわれており、これらから10年以上かければなんでも変えられる可能性があると推定しています。そんなに頑張り続けられるかどうかが最大の問題ではありますが。

この切り替えのコスト高が〝人間は反省しない〟という性質を作り出していると思われ

ます。しかし考え方を変えないと繰り返し同じ詐欺にあったり、競合に毎回同じパターンで負けたりするリスクがあるのも周知の事実です。反省は絶対に必要で思考パターンを変える訓練を皆もすべきであることを腑に落とし、果敢に思考パターン切り替えにチャレンジしなくては変化していく現状についていけません。毎回同じ言い訳をしている人はそれが思考パターンによる敗北であると理解すれば、自分自身でそこから原因を追いかけていけると考えています。

05-02 新しい領域を切り開くには

人格タイプの切り替えの話は、本当に新しい領域を切り開くような仕事のサイクルを回す場合、実はあたりまえに行われる作業であるのかもしれません。新しい領域は既存の既知の領域から踏み出そうとするのですから、必ず未知の領域があります。

未知の領域の開拓を求めるにあたり製品開発などの段取りで示すと、

（１）未知の部分がどこかを明確化してどうにかする作戦を立案する（未知が判明する）
（２）未知を取り扱う試みを行う（未知が試行中になる）
（３）試みが成功した後、皆で処理できる形に整理する（既知で実行可能になる）

（4）既知のものとして以降の段取りを組んで処理する（実行中になる）
（5）処理の過程でうまくいかない部分を今回未処理若しくは処理済のいずれにするか判断する（トラブル処理を実施、未実施か判断し処置を決める）
（6）外に出す（売りに出したり、発表したりしてデビューさせる。次の新しい領域を探す）

ということになると思います。このなかで（2）はBが、（4）はCが、（6）はAがそれぞれ得意なのです。よってこの順でそれになりきれる人が必要です。うまくモデルが組めていると全体を把握している人がいなくても勝手に回ってしまい、あまり意識していない人も多いと思います。

しかし、（1）、（3）、（5）は誰が得意でしょうか？　いわゆる戦略・情熱的行動・ディベートなどに相当するものなのですが、それぞれ中間的な目標なので（1）はAとBが、（3）はBとCが、（5）はCとAが共同しないとうまくいかないようです。この（1）、（3）、（5）の分野の専門家をコンゴウ型と呼んでいるのですが、動きが難しいので、詳しい紹介は本書ではしません。

段取りを組んでいくにはABCが協力してやっていけば代用は利くのですが、動き方としてはこの6段階を、それぞれ別の人のように動かなくてはいけないのがプロジェクトの特に難しい点の1つです。プロジェクトはその人たちにとって新しいことのはずなので、必ずこのような段取りを含むはずです。

これらに監督、または弟子のDを合わせて7つの人格がプロジェクトを回していきます。やはりうまくやるのは大変です。半分くらいしかタイプが揃えられなくても周りの人たちが協力してくれればいわゆる成功はなんとかできますが、成功を継続して続けるにはすべての段取りの専門家が必要です。段取りが組めない人はこのなかのどれかの順序を逆転させるか、ある段階を形だけやるか省略しようとしてしまいます。その人がやらなくても桃太郎モデルが機能していれば、その人の隣の専門家が気づかぬうちに瞬時にやってしまっていることも多く〝そんな段階必要ない〟と叫ぶ、わかっていない人も蔓延しています。

このことを理解したあなたや私によって世の中は少しずつ改善されなくてはいけませんよね。1つのタイプに特化し強みを生かす専門家と、さまざまな役割を使い分け段取りをこなす汎用メンバーはどちらも重要です。組織構成員のキャリアパスをどう組むかが組織の重要な課題といえるでしょう。この課題は正直大きすぎ現状単純な正解は見つけられていません。しかし意識して仕事に取り組むかどうかで大きな差が出るので注意喚起としてまとめています。7つのモデルもHモデルのように大元は発見しています。インドで生まれ、中国の名君が利用したモデルであると思われますが、整理はもう少し必要なのが現状です。すこし中途半端な説明ですいません。

第6章　類型化できる理由は脳科学の進歩でわかった。メタ脳トレーニングをしよう

――なぜこんなに人間がパターン化できるのか？　最適なパターンは脳に焼き付けられるから。よって考え方もトレーニングでしか変えられない！

06-01　脳科学の新境地

私はHモデルの検討を進めるにつれ人間が簡単に類型化でき、ある程度の行動予測ができることに疑問を感じていました。おかしくなるパターンやうまくいく段取りも大体同じ、同じタイプの人は同じ動きをする。なぜだろうか？　少し検討してみました。

私は最初自分が大きな会社に入ったせいではないかと思いました。同じ文化だし、似たような動きをしたくなる人たちに囲まれているのでは？　でもそれだけでは説明できないと結論づけました。複数の会社で組んだ時の経験や、昔、まったく別の組織の仲間と仕事をした時も、今Hモデルで照らし合わせてみると同じ動きをしています。つまり会社の文化などではなく、一般化できる行動に収斂していくようです。しかも第1章の老若男女の

例えでもわかるように昔からそのようです。

次に第1章で述べた目的意識による行動の最適化が鍵ではないかと思いました。複雑な状況である目的を優先して達成しようとする時、一番苦労が少なく労力も少なく行動すると、それはあるパターンに集約されるはずです。関わっている関係者が多ければ多いほど、皆が納得するような方法は1つしかなくなっていく。いわゆる落としどころというやつですね。

これを達成しようと努力して何度も行動すると、あるパターンで行動するのが習い性となり、それが反射的にできるようになるのではないかという仮説です。

これは良さそうな気がしました。後で述べるのですが、思い当たる節もあってこの仮説を補強・証明できないか、いろいろ人間の行動学や心理学・脳科学などを調べてみたのです。

その結果重要なことがわかってきました。本章ではそのなかで一番重要そうな内容をまとめます。

脳科学の進歩から、繰り返す行動が脳の中で固定化される（焼き付けられる）ことがわかっています。これは20世紀の段階でも一部いわれていたことなので聞いた方も多いのではないかと思います。

例えば一度自転車を運転できるようになればたとえ数十年乗っていなくても〝体が覚えていて忘れない〟ので運転できるというやつです。もちろん本当に体に考える力があるわけではなく、脳の小脳という部分が覚えているという説明だったはずです。

しかし21世紀に入ると話が進み、実は体の〝行動だけではなく、思考も同じようなところがあり、それによって咄嗟の素早い判断ができる〟と言われるようになってきています。これは実はとても重要な認識の変化で、人間は古い判断基準を捨てることができず〝体が覚えていて忘れない〟ためにうっかりそちらで考えたり、動いたりしてしまう可能性があることを意味しています。〝頑張れば考えを変えられる〟というような精神論をいくら繰り返して聞かせても、体が忘れてくれるはずもないので効果はゼロです。厳しい罰則を科してもそれが体にしみついた習慣の改善になるかというと、飲酒やタバコの習慣などと同じと考えられ、直接の対策になっていないといえるのです。

直接的に修正するには、間違ったスイングのフォームを直す時に素振りのトレーニングを繰り返すように、正しい判断基準で考える、動くトレーニングをする、または実習をすることにより、小脳に焼きこまれた思考プログラムというべきものを焼き直す必要があるということになります。そう繰り返し正しい動きをすることが必要です。

ただし悪い話ばかりではありません。先ほどの話はもう少し正確に言うと〝習慣化した行動は脳内で固定化され一生消えないうえに、非常に素早く誤りなく実行できる〟ということなので、うまく応用できれば仕事の効率を非常（数倍以上）に向上させることが可能ということも考えられます。

私も思い当たる節があります。プロマネとして私が判断する時にその速度に周りがついてこられないことが割と当たり前にあるのです。〝体が覚えているからなあ〟とぼんやり思っていましたが脳科学を調べて前記の固定化・焼きこみのような学説を知った時、なるほどと思いました。私のプロマネ歴は電子機器工作少年だった12歳くらいからなので、実はかれこれ40年ほどやっています!!　それでは速くなるはずだ……

他にも思い返してみると電機会社に入社した時も、何か周りの人の動きが遅く感じたことが何度かありました。

電気少年上がりの私の動きは異質に見えたらしく、後でこの新人時代を見た他部署の人に〝原口さんは外から派遣されている開発会社のベテランかと思った〟と言われたことがあります。

このメカニズムが私自身の有用性の大きな支えになっていることに気づいたのです。

また、プロジェクトを実行していくうえで、謎として疑問に思っていたいくつかの不思議な現象も氷解するように理解できるようになったのです。

06-02 ＯＮＥＭＡＮモデル

このようにいい面でも悪い面でも人生にとって非常に重要な事実なので、少しＨモデルの話を外れて詳しくお伝えしたいと考えています。外れると言いましたが、Ｈモデルの最小単位である１人の人間のモデル化なのでＯＮＥＭＡＮモデルと呼んでいます。ただしソフトウエアというよりは脳のモデルなので少し毛色の違う話になっていきます。

まず図６－１の上の図に示すように普段は大脳でいろいろ考えて行動するわけですが、そのなかで自分がいい行動パターンだとかいい考え方（思考パターン）だと思ったことが小脳にコピーされる・焼き付けられるというものです。

皆さんご存知と思いますが、実は人間ってどれを覚えておいて、どれを忘れようとか意

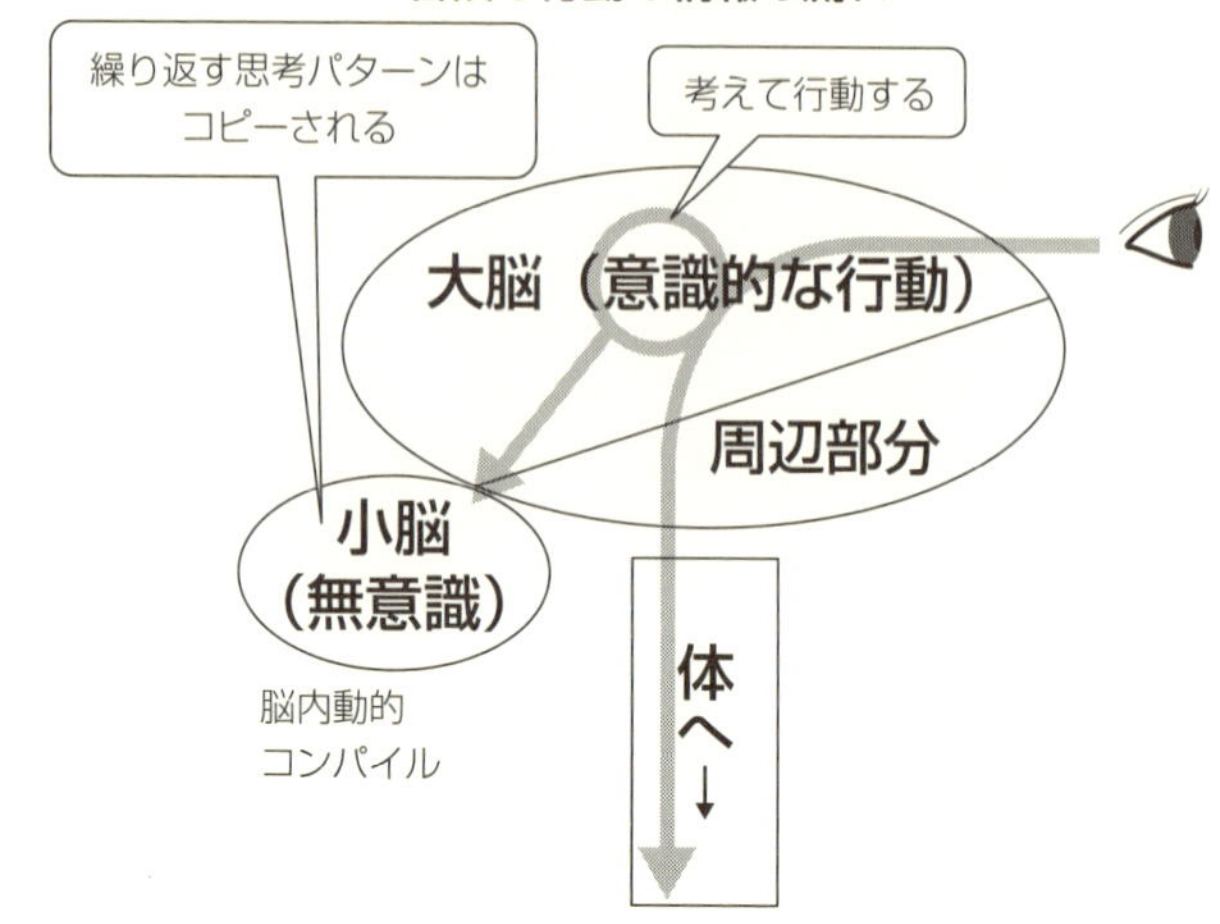
普段の行動の情報の流れ
繰り返す思考パターンは
コピーされる
考えて行動する
大脳（意識的な行動）
周辺部分
小脳
（無意識）
脳内動的
コンパイル
体へ
↓

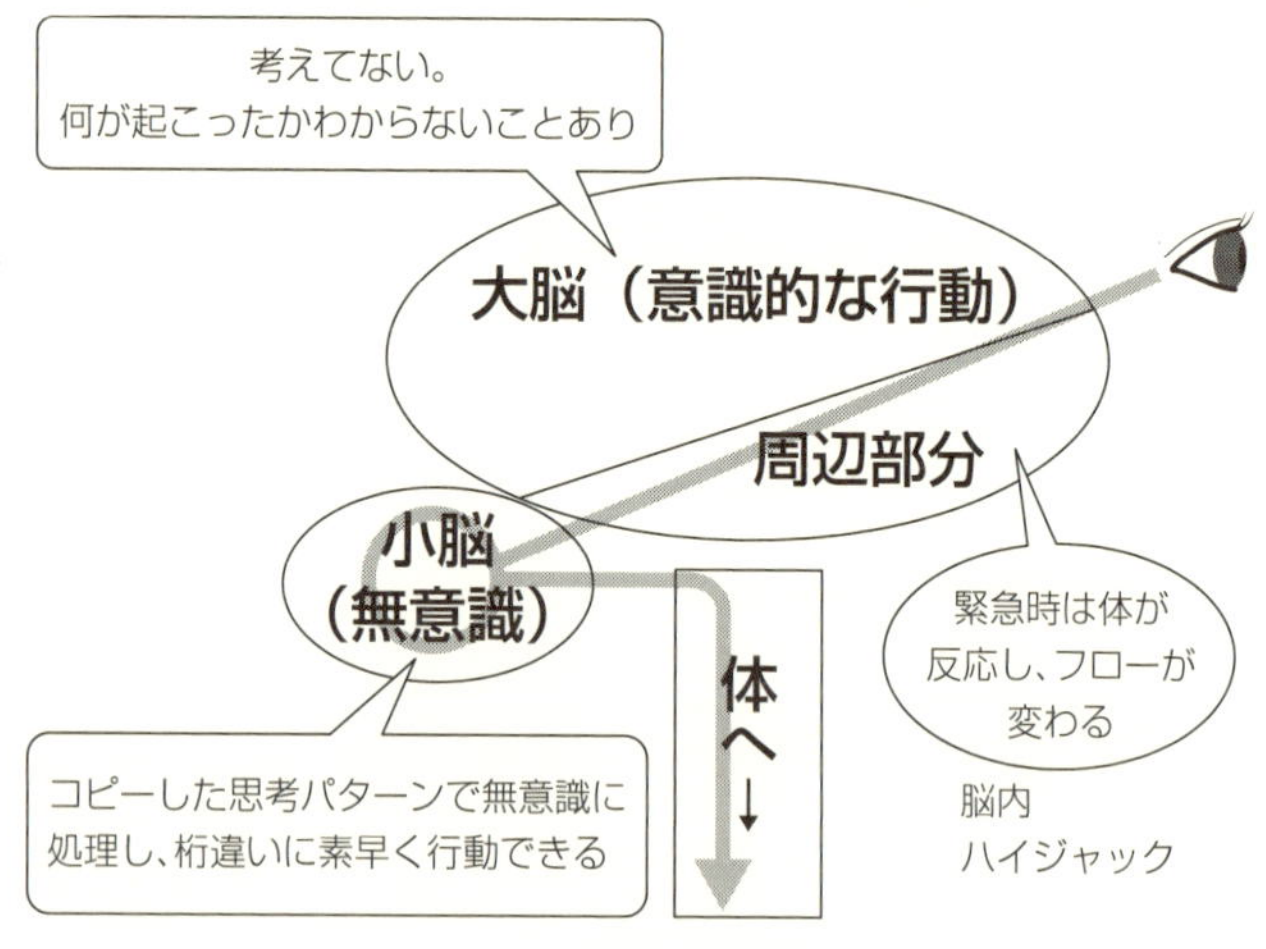
急を要する状況で行動する時の情報の流れ
考えてない。
何が起こったかわからないことあり
大脳（意識的な行動）
周辺部分
小脳
（無意識）
体へ
↓
緊急時は体が
反応し、フローが
変わる
脳内
ハイジャック
コピーした思考パターンで無意識に
処理し、桁違いに素早く行動できる

図６－１　簡易的な説明図

識的にできませんよね。自分の生存や成功につながったと思われる行動や考えを、夢で無意識に反芻して蓄えているというイメージでしょうか？　起きている時に意識的に繰り返して成功につながったことや、たった一度の大成功パターンを夢で繰り返したりして脳にしっかり焼き付ける。すると次回同じような状況になった時に必勝のパターンで咄嗟に素早く行動し、颯爽と解決できるというわけです。このような貴重な成功体験をたくさん経験している人がスターダムを駆け上がっていったり、エースとして活躍したりするということになるのでしょう。

逆に間違った対応をしてもそれが〝よしよし〟と許されてしまうと今度はそのパターンが焼き付けられてしまい、いつも間違った対応を繰り返し、周りに助けられてばかりの人になるかもしれません。

これが普段の生活ですが、何かしら咄嗟の行動が必要な時は図6－1の下の図のように動きが変わるようです。咄嗟の時というのは切羽詰まっているなど、ある意味ピンチの時が多いと思います。そういう時は防衛本能が働いて脳の動きがより単純に素早く動けるようになります。

具体的には普段行っている意識的な行動は、一々考えながらやっているので行われなくなります。〝命に関わる事態なのに遅い!!〟というわけです。そこで既に焼き付け済みのプログラムだけを使って咄嗟の行動をこなす。つまり先ほどの頼りにしている必勝のパターンをいい意味でも悪い意味でも使うということです。悪い意味というのは、現在の状況にあっていない必勝パターンは実は必ず負けるパターンかもしれないのですが、人間は余裕がなくなるとその紋切り型の必勝パターンしか使えなくなる、ということです。しかもその行動は意識してやっていないので、実はよく覚えていないということすらあるようです。格闘家が大熱戦の末勝利した時に、決まり手を覚えていない場合があります。勝者にビデオを後で見せると「良い判断ですね。よくやりました」と他人事のように言うのです。この説明を補足するため、私の記憶するこのメカニズムに関係すると思われる話をいくつか紹介したいと思います。

入社後の仲間われ

私が会社に入った時に配属された所は、新規の事業を立ち上げる部署でかなり仕事のできる人を集めて作られた集団でした。

忙しいなかでも仕事が要領よく進み、非常に刺激を受け、勉強になった記憶があります。

おそらくさまざまな人のそれぞれの必勝の行動パターンを見せていただいたのだと今になって思います。

しかし寄せ集めの弊害というか出身の違いからか、いさかいのようなものが起こり妙に長引いてしまうこともありました。

その時に対立している両者の話を聞くと、だいたい出身の工場が違っていて〝仕事のやり方がダメだ〟とお互い批判し合っていると感じました。その組織は全国に散らばる工場が強い独立性・文化を持ち、互いに業績などを競い合う集団だったのです。私には批判の内容がよくわからなかったので両者の話を聞き込んでいくと「前の工場のこの状況ではAが最適だからここでもそうするべきだ」「いや、私の工場ではBが最適だからここでもそうするべきだ」と言っている。さらによく聞くと対立している両者は、どちらも今現在の職場の状況に合っているかどうかはあまり気にしていないように感じました。ひょっとするると、どちらをとってもダメなのではないかと感じました。案の定どちらでもない新たなやり方を苦労して作り時間をかけて進める結果になったのです。

いま前節の考え方を知ってから思うと、過去の経験が脳内で固定化され、言い争いなどエキサイトすると、それが紋切り型の反応として単純に出てきてしまっているのではないかと考えます。状況に合っているかどうか考えていないので、解決までに時間がかかったのだなと解釈しています。

06-03 作業行動基準違反の撲滅

顧客のデータセンターなどで作業を行う場合には大きなプレッシャーがかかります。

コンピュータシステムはその会社の実務を扱っていることが多く、下手に手をつけると実際のビジネスに影響を与えてしまうため、準備を十分行い問題が起こらないように努めるのが一般的だと思います。そのため特に大手の企業ではそのようなコンピュータの作業を行う時に、その会社の担当者に承認いただいた検証済みの作業のみ許可され、許可されていない作業は一切禁止となっていることがあります。

このような作業に何度か監督の立場で参加していましたが、その時に奇妙な現象が起こる時がありました。

現代のWINDOWSやUNIXのようなパソコンから進化したコンピュータは、設定が複雑なうえプログラムも難しいので前記のようなルールを整備し、十分準備しても想定外の問題が起こることがあり、その時は許可された作業を止め、担当者の理解と許可を得ながら共同で作業を進めることになります。今まで実施していた作業の中断が宣言され、原因調査と復旧作業の立案・チェック・実行が行われ、予備時間を使ってリカバリーを試みるわけです。

その際にまったく原因が見つからないことがあったのです。プログラムが止まってしまい、その煽りで隣のコンピュータも止まっているのに、再度試すと何事もなかったかのように動いてしまう。

すぐに原因がわからないのでは重要な作業を〝やっつけ〟で進めるわけにもいかず、その日は本来の作業を中止して、不具合箇所をやり直すことになってしまいます。

後に詳細な作業の記録（コンピュータ上で自動記録されているロギングファイルなど）を丹念に見直すと、なんと手動で不具合箇所を直した痕跡が発見されます。「誰だ？　なぜだ？」と大騒ぎです。でもこれが実際によく起こるのです。お客さんはカンカンです。私は平謝りですが再発しないように防止策を求められます。やってしまった人に原因を聞くことになります。

しかし言うことが要領を得ず、わからないのです。こんな問答だったと思います。

私「ルールを知らなかったのか？」
彼「いえ、知っていました」
私「ではルールを破ろうと思ったのか？」
彼「いや、そんな気持ちはありません!!」
私「ではなぜルールを破ったのか？」
彼「………」

と、まるで話にならないのです。最初はわざとはぐらかそうとして〝ああいえばこういう〟とやっているのかと思ったし、過去の私の役回りの人なども人間不信に陥って「あいつらはダメだ！」というような匙を投げる発言をしていました。でもあきらめが悪い私はなんとかしようとしてみました。まず我々リードする側が厳しすぎるので〝困らせてやろうとしているのではないか〟とか〝偉そうにしているので陥れてやろうとしているのでは？〟とか下種の勘繰りみたいないことをしていました。でもいくら鎌をかけても引っかかってこないし、真面目に悩んでいる感じなのでちがうのかな～と思いました。他にも反射的に自己防衛で嘘をいうとか、言い逃れをするとか、これもよくありそうなのですがこういう場合、話に細かい論理矛盾があるはずなのです。それが一切なくただわからない感

じです。これではお手上げじゃないですか⁇

私も匙を投げかけましたが、毎週定例会で会うお客さんが厳しくてそれでは許してくれないのです。

更に考え悩み続けました。3か月がすぎ、まだ時々発生して怒られている状況です。お客さんからは有効性のある再発防止策を求められています。そのころにはもはやこんなに繰り返されるからには何か行動原理があると思うようになりました。想像できないほどの強いプレッシャーがかかった時の行動原理なのか……。というより普通強いプレッシャーがかかるとパニックになるし、まともな行動などできないはず、なぜ直すなんて高度なことができるんだ？

パニックになると……パニック映画や終末モノSFのように人が暴徒化したり、阿鼻叫喚の地獄図になったりするのか⁇　いやリアルではないな、自分は呆然とするだけだろう。そうだ、パニックというのはよく考えられない状況なのだから、何もできないというのが正解じゃないのか？　これは納得できる。でもそれでは彼らの行動は説明できない。……いや待てよ。何もできないのではなくて、考えずにできるようなことがあるのでは？　例えば自分の場合は毎朝出社するとパソコンを立ち上げてメールをチェックする習慣だ。でも最近このトラブルを始めプロジェクトも気が気でない慌ただしい展開が続き、出社時もいろいろ考えながら来ている。

すると、ふと気づくとメールをチェックしている自分がいる。あれっ？　いつパソコンを立ち上げてログインして、メールソフト起動したんだっけ？　覚えていない。いやこれもよくあるぞ。

そうか！　習慣化して身についた行動は考えなくてもできる。考えなくても考える必要なく行動できる……。

ああ、これなら行動原理だ。〝人間はパニックの時でも普段からやっていることは考えなくても行動できる〟

この時私の脳裏に今まで問題を起こしたメンバーの顔が浮かびました。既に4人以上いました。不思議と皆ベテランです。現場を任せてもこの人なら大丈夫というような優秀な人たち・チームのエース。逆に若手・新人は1人もいませんでした。

この人たちは普段何をやっているのだろう。彼らの肩書きはネットワークリーダー、インフラサーバーリーダー、運用系リーダーなどいろんな呼称があるものの、基本的には現場よりの仕事をするチームのリーダーであり、設計・開発者でした。でも実はベテランの彼らは設計書を書くソフト開発・ハード開発を進めるなどはやっていませんでした。

年季が入った技術者なら常識的なことですが、設計や開発の作業自体はそれほど難易度が高くなく、鍛える意味で若手にやらせることが多いのです。では彼らは何をやっているのかというと、例えば設計開発の実務で若手がマシンをおかしくしてしまうことがままあります。コンピュータは複雑な機械なので、いったんそうなってしまうとなかなかわかりません。若手は困っています。そこで彼らリーダーの登場です。「どれちょっと見せてみろ。ああ、ここはよくやらかすところなんだ。その設定ファイルをこうして、こうして、こうして」と言いながら素人には目にも留まらぬ速さでキーを叩いて、設定を変えて直していきます。新人君も黙って見てついていくのが精一杯です。「で、ここを調べて壊れてなければこいつでＯＫ！」と口調はのんびりしながら、異常な速さでキーボードを叩き作業を完了しています。マシンは完全復旧です。

そう。問題を起こした彼らは全員トラブルシューティングのプロフェッショナル、直すことのプロ中のプロだったのです。

まさか、自分で出した結論が信じられませんでした。いくら得意だからといってサーバーマシンやネットワーク機器の不具合を、無意識で直して覚えていないなんてことがありうるのか?

正直疑いのほうが大きかったのですが、お客様にはもう既に再発防止策として、メンバーを再教育します、と言ってしまっていました。その内容は空疎なものしか思いついていませんでした。前記の仮説に基づく〝無意識に直して覚えていない〟ということ以外は。

思い切って教育の内容を仮説が正しいものとして組み立てることにしました。これで失敗すればまたやり直そうと思いながら。内容としては30分くらいかけて説教するようなものになりました。「いいか、君らはなんでも直せるプロだ! 多くの現場はそれで救われている(まず持ち上げます)。でもここでは致命傷になる。クビになってしまうんだ。普通の現場に100台コンピュータがつながったシステムはない。だから勝手に直してしまっても良いことしか起こらない。でもここでは違う。だいたい故障したコンピュータは隣のコンピュータも止めてしまうし、我々があずかり知らないお客さんの他のシステムへも大きな影響を与えている。そんななかでいきなり原因を隠してしまったらどうなる。数十人からのエンジニアが原因を探し回る羽目になる。その結果が勝手に直してました、だ。許されないぞ」

これを相手が理解するように繰り返し教育しました。

その結果、これ以降魔法のように勝手に直す事故は起きなくなったのです。

私がこの件で学んだことはまず、彼らプロフェッショナルの仕事に口出しはしないということです。無意識にマシンを直せる人の仕事にけちをつけるなど正に〝釈迦に説法〟である、と確信しました。また、逆にそのように頑張って暴走している人が自身の暴走メカニズムに気づけば、抑制可能ということです。脳内プログラムの仕組みは当時まったく知らなかったのですが、行動原理を変える方法論としては相手に納得させることが最も重要と認識しました。

06-04 大規模な障害時のリカバリー

前記のような例の他に、もう1つ奇妙な経験をしたことが何度かありました。コンピュータ数十台を巻き込んだ大きなトラブル・事故が起きた時です。関係者皆で対応しなくてはならないのですが、これもおかしなことになるのです。非常に大きな問題なので、皆に緊張が走り、先ほどと同様パニックに近い状態ですが、実は意外に現場は平静なのです。大声で騒ぐ人もいなければ、慌てて逃げ出す人もいません。でも少しおかしいのです。一般的に考えるとどうでしょう。大変急を要する問題が複数のコンピュータで起こっているという状況なのですから、関係者（100人近くいました）が手分けをしてあちこち調査し、その結果を持ち寄って対策をあれこれ議論して進んでいく……という風に思われるのではないかと思います。

実際はどうかというと、まとめ役の私が「大きな事故だ。至急来てくれ」と呼ばれて現場（サーバー群の監視室に隣接した我々の設計・保守作業ルーム）に行きます。そこは先ほど述べたように落ち着いた感じです。

でも落ち着きすぎているように見えます。デスクに向かって作業している人に「今、何をしているんですか?」と聞くと、「来月リリースのプログラムの設計書を仕上げていますす」と言います。私は〝え?〟となり、「すいませんが今それどころではないので、あなたは××サーバーの専門家なのだからデータの解析調査に加わってくれませんか?」と他の人にも聞こえるように言い、「他の方も〝どうしても今必要な作業〟をしている方以外は調査に参加してください」というと、まるでそれを待っていたかのように周りのメンバーが動きだしたことがありました。他にもコンピュータにアクセスしてデータ取りをしている人がいます。その人に「何のデータを取るんですか？」と聞くと。「毎日やっている定時間のデータ取得作業です」と言うのでまた〝え？〟となり、「今はそんな場合ではないので、こちらのデータを取って△さんが解析中なのでそちらに渡してください」と私。「はいわかりました」と相手。

そう、なぜか自分にまったく関係ないかのように行動する人が多いのです。

これも、つい最近まで原因がさっぱりわからなかったのです。とにかく私が発破をかけないと皆固まっている感じなので、いい加減にしてくれと思ったことも何度もあり〝皆冷たい、リーダーは孤独〟とか感傷に浸っていた時期もありました。

でもそれは単なる誤解だったのです。今回の脳の特性の整理で実にあっけなくわかりました。脳への焼き付けの話から論理的に考えるとこんなシナリオではないでしょうか？

（1）自分に関係ないと思っているのではなく、自分に関係するからこそ、事態を認識して重大さにパニックし、そのせいで防衛本能が発動している

（2）そこで普通の人だと単独で使える必勝パターンを持っていない

（3）よって普段の行動しかできなくなる。普段の設計作業（来月納期の設計書作成）や

コンピュータ保守作業（定時の保守作業用データ取り）などを無意識に実行

（4）それを覚えてもいない

となっているのではないか？　だからこそ普段から問題調査をやらされて皆に協力をお願いしまくっていた私の言葉がキーになって〝不具合調査協力〟という必勝のパターンがようやく発動し、動けるようになるのであろうと。

これを書きながら自分自身を振り返ったのですが、大きな問題の時ほど無我夢中で、後で反射的に正しい選択をしていたと気づくことが多かった気がします。つまり普段から何でも屋としてこきつかわれ、問題解決を常日頃やらされていたから咄嗟にできる、という風に環境が私を作ったのかもしれません。

よく災害時に整然と整列する日本人が海外メディアなどに賞賛されますが、あれは残念ながら日本民族の優秀性などではありません。小中学校の教育の勝利です。

さんざん何度も何度も繰り返し整列させられているので、若い人ほどパニックになるとリーダーの指示に従って整列してしまうのです。私のトラブル時の指示に協力してくれる人たちがいるのも、日本の初等教育に緊急時に役に立つ（リーダーの言うことに従う）メニューがたくさんあったからです。自由や個性を大事にしすぎると協力してくれません。

この場を借りて学校の先生方のご指導に対しお礼申し上げます。避難訓練が実際に避難しないと効果がないのもまったく同様です。

06-05 ベースモデルの精鋭たちが作る理想チーム

本書のHモデルで示した理想形のABCも日ごろの繰り返しにより専門性を高め、咄嗟に非常に正しい判断をするようになっています。Hモデルの各タイプは、

A：駆け引きネゴコーディネート

B：知識を溜め込んで構想、ストーリー作り

C：緻密な成果物作成

の得意分野において、繰り返し脳に焼き込んでいくことで他タイプより圧倒的に高い（10倍近くの）パフォーマンス保有が想定されます。

これだといいことばかりなのですが、2つ落とし穴があります。

1つ目はサーバーを勝手に直してしまうリーダーのように咄嗟に正しい、あるいは間違った行動を取る専門家は動きが速すぎるが故に他者から理解されず、それが原因で有能なリーダー同士ほど仲が悪くなったりすることです。無意識の行動を自分が覚えていない

ことがあるというのも厄介で、覚えていない自分の行動を非難されても誹謗中傷に聞こえてしまい、納得できなかったりするのです。

プロジェクトのうまくいかない典型パターンの1つに有能なリーダー同士の仲が悪いというものがあり、だいたいリーダーのＡＢＣタイプが違うことが多いです。同じタイプのリーダー同士は咄嗟の行動でも体でわかり、理解できるので仲が悪くなりません。

2つ目は、他のタイプの専門家が遅く見えることです。自分の得意なことがすぐできるのは良いのですが、同じことを他のタイプの専門家に頼むと得意でないので、すごく時間がかかります。Ｃタイプはすぐ報告書を作れというのですが、実は他のタイプには結構負担で時間がかかってしまいます。するとＣからすると相手があまり有能に見えなくなる……。でも実は相手も自身の得意分野では同じように思っている。

両者の仲裁に入った時リーダー同士が内心馬鹿にしあっていると感じることがあるのですが、どうも前述のようなメカニズムによるようです。

この解決策はとにかく謙虚になることです。人は一長一短といいます。私もようやくわかったばかりで偉そうに言えないのですが、実は長が一部で大半は短です。自分の頭に焼き付いている必勝のパターンは凄く速くできる長所ですが、世の中の仕事すべてを脳のプログラムに入れられるはずはなく、大半は他の人の頭に入っています。だからどんな優秀な人も万能ではありえず、多くのことについて素人同然につっかかりながら仕事をするしかないのです。

この前提に立って行動すれば、お互い協力して分野ごとに一番得意な人にやってもらおうという話になり、お互い様という言葉で仕事の押し付け合いではなく、本当の協力になってきます。

こうなってくるともともと協力するのが得意な我々日本人は、Ｈベースモデルが自然に形成されてチームの効率が劇的に上がっていくと考えられます。第２章で述べた桃太郎モデルの自動形成です。すべての仕事にそれが得意な人を割り当てられ、数倍の速さで進んでいく。互いに相互互助の関係のなか、高効率のパフォーマンスを発揮する最高のチーム・チーム群と、それを率いるプロマネによるプロジェクトの実行です。これが私の考える理想の状態です。

お互いに相手のことが理解できない状況では仲良くしにくいので、多様化が進んだ現在ではプロジェクトがうまく進んでいるほうが数少ないのかもしれません。〝なかなかできないよ〟と言う声も聞こえてきそうです。Ｈモデルによる可視化だけではまだ不十分なので、本書の後半はこの多様化にどう対応するかが大きなテーマになってきます。

しかし1つだけ述べておくと、前述の協力体制は我々日本人であればうまくできなくてはいけないのです。

ここで日本人として私が凄いと思っているのは、聖徳太子の日本国憲法の第1条が〝和を以て尊しとなす〟であることです。

私ごときが言うまでもなく、1200年前から日本では仲良くすることは難しいが、最も重要でそれができているというのは尊敬に値することだ。とされてきたのですね。

先ほどの学校教育で個性尊重よりも、共同作業で助け合うことを重んじるなど正に〝和を以て尊しとなす〟ではないでしょうか？

その末裔である我々はもっと常日頃の行動に気をつけようではありませんか。

強調しておきますが、古来よりうまく協力できるように努めるのが普通の日本人であり、それが伝統なのです。この伝統なくして高度成長期のような爆発的な社会の進歩はありえなかったし、今後のプレミアム国家への改革でもキーとなる考え方だと思っています。

06-06 反省と前半まとめ

ここまで非常に格好の良いことを言ってきましたが、反省させてください。

私自身が前記で徹底的に批判した、非常に傲慢な人間そのものであった記憶からです。

若いころはBタイプの人間だったので、プロジェクトの進め方をいろいろ調べて考え、それなりにできるようになったのは述べてきた通りだったのですが、Cタイプのような仕事を馬鹿にし、資料をあまり作らず、口で言うだけの人間で普段はブラブラしており、結果をまとめるようなことが嫌いでした。Aタイプのような偵察や交渉も、そんなことしたくないぐらいに思っていました。自分のやっている仕事以外は一段低く見て馬鹿にしていたと思います。大変申し訳ありません。

その後、宇宙開発で大量に資料を作らされたり、交渉したりといろんな仕事をすることになり、徐々に10年ぐらいかけて、他のタイプの仕事の重要性を理解してきました。それでも自分のやり方が一番と思っていたと記憶しています。そのうちまとめ役になると、部下が若いころの自分のような傲慢さを持っていることに気づくようになり、その弊害を受け、直してもらうように頼むようになりました。

その後、自己嫌悪に陥りました。私って傲慢で迷惑なやつだったんだなあ……と。資料を作るのが嫌いだった私が本書を頑張って書いているのは、その贖罪の意味もあるのです。非常に問題の多い私も自分の短所を自覚して精進を続け、微力ながらも皆様と力を合わせ、日本や世界の最高のプロジェクト推進に少しでも寄与できたらと考えています。今後とも宜しくお願いいたします。

＊＊＊＊＊＊＊

さてこの第1章から第6章で主としてプロジェクトのなかの観点から、その基本的な役割分担の構造とうまい進め方、共通する阻害要因と回避方法、役割の切り替えの困難性と重要性、人間の脳の仕組みによる傾向とそれを如何にうまく使うべきか、総合的なプロジェクトの理想形などについて述べてきました。

これらの知識を日々の活動のなかで生かすように意識して行動すれば自分の仕事を一段深く理解し、さらに良くすることが可能になると考えています。

結構新しい知見が多かったのではないでしょうか？　ここから先は主としてプロジェクトの外にあるものとプロジェクトの関係性で、プロジェクトの成功をより実現しやすくする方法を述べていきたいと思います。

休けい所　思考の変人たち

変人だけを集めてみると、多くの人が自分だけはまともで他は変人と思っているということが代表者の話として残っています。

これが高速な脳内の必勝パターンの差と考えてはどうでしょうか？

私も変人扱いされることがまれによくあり、言い訳として自分の話をすると、どうも私は話の論理が飛んでいるようです。風が吹けば桶屋が儲かる、の話ではありませんが、三段論法を少し増やした、

AはBと等しい。Bはこれこれにより Cと等しい。よって、AはCと等しい。またCはそれそれにより Dと等しい。よって、AはDと等しい。

という事実があったとします。

これの間をすっ飛ばして〝Aと皆おんなじなんだから早くやればいいじゃないか！〞と言ってしまうようです。

つまりここら辺が無意識の脳内プログラムに入っていて自動的に終わってしまうの

で、前提条件を共有している人に結論だけ言ってしまうのですが、相手にとっては思考過程がわからないままいますぐ話しかけられるので、思いつきで行動している変な人に見えるようです。

この本でも、あれとあれが同じというものが人間とコンピュータとか組織とソフトウエアというような直接結びつかないものを言っているので、なるべく論理を飛ばさないよう努力したつもりです。

でも論理が飛んでいたらごめんなさい。時々論理展開を間違っている時もあるので、それもごめんなさい。

第7章〝強制されたトレーニング〟への〝過剰適合〟（共通阻害要因2）

――この本を書こうと思った理由の1つに教育資料をまとめなくてはという思いがあります。皆を教育して意識改革を促さないと、とてもプロジェクトを回せないような状況となったため、教育の重要性を痛感したわけです。

教育の重要性が増したのは私の育ち方と違う方向でプロジェクトのメンバーが育ってきており、その生まれ育ちというか受けてきたトレーニングをやり直す必要があったからだと考えています。そういう私自身も悪い習慣づけをしっかり持ってしまっており、現在も修正中です。内在する悪い習慣は非常に気づきにくいのですが、これを改めていくことが一見遠回りに見えても、実は成功への近道です。これも繰り返しですが、理解すれば問題解決の半分まで来ています。まずは私がこの問題に気づいた物語を聞いてください。

07-01 プロジェクト環境の悪化と根本原因の追究

ある大きなデータセンターでシステムの取りまとめをやることになった私は、最初のころは今までの延長線上で仕事をしていました、私は自分の背中を見せるタイプのリーダーであり〝俺についてこい〟というスタンスだったのです。しかしそれは数年後に限界を感じるようになりました。私の感覚でいうとまったく同じような問題が繰り返し発生するようになってきたのです。その当時、私の仕事の中心は文書の評価・レビューでした。当時は配下に十数チームいたので一緒に仕事をするには少し多すぎ、手順書や設計書のレビューをして彼らの仕事の準備状況を確認していたのです。このなかでの問題は準備が不十分で手順書に基づく作業が手順書の誤り・段取り不足・設計のミスなどで失敗してしまうことです。そうするとその失敗した作業の手順書を作り直し、再発防止をするということになるので倍くらい時間がかかります。チーム数が多いせいである部分を直しても、その次のチームが失敗するとまたやり直しです。最悪3倍くらいかかってしまうので大変です。これを防止するため、レビューでは従来の問題を起こさないように準備しているか見るのですが、どうもよろしくないのです。

例えばこんな事例です。会議室で待機している私にレビューを受けるチームがやってきます。私に手順書が渡されてこんな会話をしていました。

1回目

私「ああ新しいメンバーだね。宜しくお願いします。××サーバーのソフトウエア入れ替えか、もう5回くらいやっている作業だね。どれどれ、あれ？　これ何か前の手順書と全然違うみたいに見えるけど、どうしたの？」
新メンバー「ああ、それは既存のフォーマットを参考に私が独自に考えました」
私「ええっ！　それは良く考えるのは大事かもしれないけど、これはもう5回目の作業で、以前から何度も失敗しているので、それを反映した手順書があるんだよ。自分で考えて作業して失敗したなんてお客様に通らないので従来のを使ってよ！」
新メンバー（不満そうに）「そうですか……」
2回目（その3日後）
私「ああ、前直してと言ったやつだね。どれどれ、うんこれは見たことある手順だ……あれ？　でもこのマシンの名前は大阪センターのやつだよ。今度の作業は東京センターじゃなかったっけ？　一体誰から手順を教えてもらったの？」
新メンバー「手順書が入れてある共用の場所から自分で探しました」
私「だめだよ、自分で選んだりしちゃ。最新のものを使わないとすべての失敗に対する反省が入っていないし、東西の差だけではなくて一部のマシンは使い方が違うので手順書も一部違うんだ。先輩に聞いて準備してください!!」

ということで何やら、今までの経験を引き継がないで作業をしようとする人が多かったのです。自分のチームのなかですらこの有様ですから、複数チームを連携させるともっとコミュニケーションミスによる問題が発生します。前章までで紹介したあらゆる手段を駆使して状況を切り抜け続けるような状況でした。それまで単独のプロジェクトをいろいろとやってきたのですがこれは初めての感覚でした。同じデータセンターのシステムの更改や拡張などが目的のプロジェクトが多く、同じようなプロジェクトなのである意味同じような問題が起こるのは当たり前かもしれません。

しかし、同じチームのメンバーの学習能力がゼロで、ほとんど同じ問題を起こしたりするのです。不思議な感じでした。あまりに繰り返し起こるのでこれは今までのやり方だときりがないぞ！　と思ったものです。

その結果私は教育の充実に舵を切りました。いろいろ試した末にそこに至りました。やって見せるのも重要なのですが、それ以上に私と思考・価値観・常識を共有し行動してもらうほうが、問題は遥かに少なくなることを経験的に学んだからです。そのため10年近くいたその職場での後半は、教育係のような感じの仕事になってきました。どうもやっていることがレベルダウンしている気がしました。それまでは先を引っ張ってより良い方向に努力すると自然に全体が良くなったのに、一番下のレベルを一生懸命教えることで底上げしなくてはならないという……。

自チームの失敗であってもそれに対する学習能力がなく、同じように失敗を繰り返すことが納得できませんでした。なぜだろう??

思い当たる節がありました。当時の世の中はバブル崩壊から失われた10~20年といわれたところに移っていました。自分の生きている時代を〝失われた〟と表現するセンスが、実は私にはよく理解できていなかったのです。卑下が酷すぎるのではないかと。

でも先の経験をした時に考えたのは、ひょっとすると全体が下がってきているということを感じて〝失われた〟と表現しているのではないか? ということでした。

またその前のバブルのころのお金崇拝や、崩壊時の手のひら返しのような風潮にも私はあまり流される立ち位置にいなかったのですが、皆がそれに同調して動いているのに感心というか不思議な感じを抱いていました。こんな状態が長く続くはずがないのに永遠に続くかのような熱狂や喧騒が渦巻いており、大丈夫か? と思っているほうだったのです。

案の定状況が変わると皆今までのやり方は通用しなくなり、場合によっては真逆の主張を始める羽目になってしまいます。

こういう荒れた時代背景だと人がおかしくなるのかもしれない、と思ったことが何度かあったのです。プロジェクトのなかでバブル期のノリで無駄遣いをやめられない人や、バブル崩壊期のなんでも〝すぐ儲からないならやめてしまえ〟とネガティブに見る人の存在（工数がない病）で苦労したこともあって、段々確信にはなっていました。

ここら辺をまとめたほうがいいんじゃないか？　でも変な話ばかりになるなあ。それにこれはなぜか私しか気づいていない自分の特徴で大事に取って置くほうが良いかも？　と迷っているうちに何年か過ぎました。

開発のピークを過ぎた先の職場から他に移っていったのですが、新しく行った所がより仕事がやりづらい状況であることがわかりました。頑張ればなんとかできるのですが、前節で述べたような動きが悪い状況が頻発し、仕事が停滞しておかしくなっている。

私は自分の仕事が自分なりに年々ステップアップすることに意義を感じる人間だったので、この状況はどうにも我慢がならなくなってきました。

これは……どうしても作らなくてはいけないようだ。

07-02 時代背景の影響

これからご紹介するパートがその私なりの分析と解決策です。

前章で述べた人間は行動パターンを脳に焼き付ける性質があり、無意識に、自動的にその行動が行われるという解釈から突破口が開きました。

結論からいうと時代の流れに押し流される普通の人が問題の潮流を作ってしまい、それに優秀な人も巻き込まれて、プロジェクトや組織がおかしくなるという理論です。前章までの言い方でいうと、時代背景というバックグラウンドに強制的にトレーニングされた人が、過剰適合して問題を起こすということです。表7-1を見てください。

まず、悪い例が焼き付かないように比較的良くなった現在の考え方をおさらいしましょう。次ページ表7-1右端の部分です。

リーマンショックで大損害を受け目が覚めた欧米のエリートや、大震災で反省した日本の指導層が主体になって意識改革をしようとしています。それは投機的な経営にNOを突きつけ、行き当たりばったりの説明を拒否し、真の実力を持つ組織や個人に協力を推奨して物事を作り上げていく世界を求めるものです。

表７-１　時代別バックグラウンドトレーニング一覧

	高度成長期	バブル期	バブル崩壊期	失われた10年	回復期（現在）
流　れ	国の後押し（官民一体）で世界に追いつき追い越せ	金あまり、驕り、投機的な動き	膨れ上がった組織の整理。小ユニット化し必要なところ以外はなくす	新たな方向が混乱により見出せない リーマンショック、震災などで新たな時代に	日本の立ち位置を見直し、その優れた所を十分活用して全産業がグローバルへ
正　義 （主流だった考え方）	大所、高所は国（公社）が考え、それに皆が従えばよい。上意下達	より効率よく儲けたほうがよい（お金万能主義）	儲かっているところだけ生き残るべき。（お金換算主義→身内偏重主義）	左記行動の継続。サバイバル合戦の結果各組織の関係が敵対的に変化。自己責任。グローバル競争（皆ライバル、皆敵）	自ら考えた誤魔化しのない成長のみが評価され不都合な真実は次々に明らかになる。敵を作るのが不利な協調の時代
弊　害	上流設計、システム設計力の衰退。目標を自分で考えず、他者からもらおうとする習慣。単純化した考え方が優れているという思い込み。それに従う習慣	投機的な投資が賞賛される。詐欺まがいの商法。技術者の衰退。協創的動きの阻害（顧客に対する詐欺的行動）	金融工学に代表される学問の劣化商品化、金額に換算しにくい全活動の劣化が開始　小ユニット利益のみ追求するので全体最適が図れない。	左の継続、改善の試みが劣化と拮抗し、成長がない。他人から学ばず盗もうとするので劣化コピー横行、技術者教育の衰退、技術者実力の暫時低下	従来通りの動き方をしている組織の遺物化が急速に進行。あまりに殺伐とした過去の反動から“ゆるキャラ”など切磋琢磨しない習慣が発生
美　点	最高の要素技術創生（ハード、ソフト）現在も無停止性など完成度において追いつかれていない	あまった金が投入され文化的にさらに高度化サブカルチャーなど開花	サバイバル能力の向上。組織の改革スピードアップ	左の継続、あるいは過去の資産の切り売り…あまり美点が見出せない…	過去の技術、文化を活かし世界に進出できる分野が増えていく

・各時代の考え方自体には最下段の通り美点もあり、それが生活を支えていたという事実もあります。一概に否定するべきものではありません。問題は目まぐるしい流れの変化のなか、我々が過去の考え方に囚われた行動を改めないことで、現在の流れに追いつけない・適合できないことにあります

情報システムを活用して不正を暴く仕組みを完備し、個人同士の協力がしやすい情報システムも進んできて、協調・協力社会への方向性が開かれている時代といえるでしょう。これが現在強く意識すべき動き方です。私がベストと説明した方向とも一致していると考えています。

でも必ずしも我々はそう動いているとは限らない。今の時代の方向性は過去に対する反省ですが、まだそれほど広まっていないのではないかということです。過去の各時代に流行があり、そのなかで主流だった考え方が存在し、それに乗っかるのが正しいと主張する多くの人がいたというのが事実でしょう。これらに我々全員が多かれ少なかれ影響され、バックグラウンドミュージックのように周辺で起こっている出来事に合わせて動くうち、知らず知らずのうちにそれに繰り返しトレーニングされ、同化しており、今もその動きをしているだろうということになります。

ここで前章の脳科学の話を思い出して欲しいのですが、人間の咄嗟の考え方・行動は普段からよくやっている考え方・行動になります。論理製合性のある行動を普段から行っている人は咄嗟の時もそう行動し、普段から雰囲気に流され、難癖・言いがかりで行動している人は咄嗟の時もそう行動するということです。

これが正しければ時代にあった考え方をし、周りに合わせて協調して動こうと努力する人ほど、時代背景と合致した考え方になるということになります。それ自体は正しいことであり、その時代をうまく生き抜くのに必須と言っても良いかもしれません。

でも、過去を振り返って一覧表にして今見てみるとどうでしょうか? 現在の状況とずいぶん合わなくなっていないでしょうか? それでも時々昔の考え方が習い性となっており、そのパターンで行動している自分や周りの人に〝はっと気づく〟という瞬間はありませんでしょうか?

07-03 各時代の流れ

ここで紹介するのは私自身がその良い影響と悪い影響を受けたものなので、日本の高度成長期と呼ばれる時代以降となっています。この前に焼け跡闇市世代や、戦中派、昭和一桁、などと呼ばれる世代があるのですが、それは実感がないので、ここでは紹介いたしません。

まず高度成長期は日本が一丸となって、戦後の荒廃から世界に追いつき追い越そうとした時代です。官民一体、護送船団方式というように官・政府・公社など公的機関が国の再興を目指し、方針を考えながら指導し、弱かった民間は業界全体で協力しながら上の指示に従って努力し、徐々に世界をキャッチアップしました。

その時代は20年以上も繰り返し続き強固なものとなっていきました。この時代の大きな流れを一言で表現するなら上意下達でしょう。大事なこと・大きな課題・問題・リスクは官に代表されるお上が考え、下々はその方針に従うという方法です。そのなかで日本を代表する人々を大量に同じ方針で作り出そうとしたのです。これが非常にうまくいき、日本は世界第２位の経済大国にまでなりました。そのせいで私のような50代は〝今でもそのやり方がいいのだ〟と思ってしまうことがあります。

しかし、良い点ばかりだったのでしょうか？　私自身の反省からすると、どうも自分の目標を自分で考えなかったような気がします。それも大事な目標を。自分の人生をどう過ごすべきかといったことも、偉い人がいろいろ考えているので自分で考える必要がないとまで思っていたのではないかと……。こう書くとそんな馬鹿なと思われるかもしれませんが、実感としてそういう時期があったのです。細かいことばかりが気になり、大きなことは放っておくような習慣が私のなかに確かにありました。いま冷静に見直すとおかしいと思います、理不尽だと。大事なことを考えないとダメに決まっているじゃないか？　と。

でもそのころはそれがある意味で正しい考え方で日本も大成功した時代だったのです。

次に高度成長が大成功して日本はバブルを迎えます。この時代は高度成長期で非常に豊かになったことから驕りが生じて、お金崇拝といっては言いすぎですが、なんでもお金でいいじゃないかという風潮があったような気がします。お金万能主義といったものでしょうか？


投機的な行動がむしろ賞賛され、土地ころがしに代表される安易なお金儲けに普通の人も巻き込まれたような時代です。この時代では、技術のようなすぐにお金にならないようなものは、一段低く見られるような傾向が生まれたと思います。高度成長期は技術を磨いたり真面目な努力をしたりして、上の方針に応える愚直さが求められたのですが、この時代に入って一変し、お金がお金を生むかのような短絡的・刹那的な考えがありました。実際は永続できない考え方が世の中を席巻していました。〝儲けることは（無条件に）良いことだ！〟のようなキャッチフレーズが生まれていました。全員が無限に儲けるような世界は地球がすぐに一杯になってしまうので無理です。儲ける考えを推し進めると必然的に一部の人が荒稼ぎをし、他から奪って奪われた側は貧乏というような殺伐とした世界ということになってしまいます。この風潮が非常に流行したとはいえ、日本人の場合熱が冷めるのも早かったと思います。よってさすがにこの時代は長く続かず、何段階かに分けて徐々に崩壊していきます。バブル崩壊期というやつです。バブルの金余りでいらないところにまで投資して組織がバブル、つまりぶくぶくに膨れ上がった状態だったので、世間では〝儲かっている部署以外は解体しよう〟というリストラの嵐が吹き荒れました。その結果、いらない部署単位での削減が起こり、不要と見なされた部門は人員カットなどの憂き目にあいました。

問題だったのは前のバブルを引きずっているので、人がそんなにいらない部署を削減するというより、単純に一見して利益に貢献していないように見える部署・ポストが削減され、営業など利益に直結する（はずの）部署へ回されました。実際はお金のイメージだけで仕事が回っているわけではないので、いろんなところで無理が生じました。皆、自分の部署の貢献をアピールし、なんとか無理な削減を避けようと必死に努力しました。自分の部署を贔屓してでもよく見せるような風潮です。生き残りゲームになっているので自部署さえ良ければという身内偏重主義といったものになっていったと思います。ここまで来ると表7－1の高度成長期で主流の考えだった〝上の命令で皆仲良く仕事をする〟とはずいぶん違った考え方になっています。時代的にも荒れたためか、多くの組織が正しい方向性をなかなか示せないようになり、失われた10~20年という時代に入りました。これは先ほどのサバイバルゲームによる身内偏重だけではなく、時代が短期間に変わりそれに皆がついていけないので、多くの人の考え方がバラバラになって方向性が弱まったため起こったのではないかと思っています。つまり護送船団などの役割が終わったのに未だに上の指示をひたすら求める人、バブルが終わったのに一山当てて逃げ切ろうとする人、リストラが終わったのに自部署の貢献をひたすらアピールし他者を貶める人等々が、その人ごとに脳内の必勝パターンとして存在し混在するため、当然ですが力強い方向性が打ち出しにくくなります。例示した昔の考え方に〝固執する人々〟を説得できないと組織の方針といったものも断片的でバラバラになってしまいます。その行き着く先が、個人個人が他人と協力するどころか関わらず、自己責任でなんとかやってくれという風潮となったのではないでしょうか？　時代が失われるという表現がされるほど前向きに進まなくなったのは、成熟した人格を持ち、互いに尊重し合う個の独立という本来の個人主義からずれた、勝手放題で孤独な個人主義・孤人主義というべきものになっていったからかもしれません。一時期にはやった短期の個人成果のみでその人を評価するという傾向がこれらを後押しした、ということはないでしょうか？

いろんな考え方が強く主張され、それぞれ現状に合っていない。それによる混乱。どうにもならなくなり個人の判断に委ねる、丸投げしてしまう。その結果またいろんな考え方が強く主張され……とループが回ります。

総じていうと考え方の複雑化・多様性に対する敗北だったのではないでしょうか？

敗北した状態がある程度続くとそれが当たり前となり習慣化が始まります。つまり負けるのが当たり前、負け癖という良くない習慣です。こういう人が時代の流れにより増えてきたとしたらどうでしょうか？

そう、本章の冒頭に挙げた私が困ってしまった状況は〝失われた時代に入り、それに過剰適合した人〟＝〝多様性に敗北し、孤人主義に近くなった人〟が増えてきたからだと思えるのです。自分のチームの先輩ですらライバルだから教えてくれないのが当たり前、自分で考えようという発想の人たちです。検証もできています。それは個人主義に近くなった人たちも普通に教育して協力する方が良いとわかると、見違えるように復活したからです。実は私は普段いろいろ他人と会話を楽しむというよりは沈思黙考するタイプで、他人から無視されることも多かったのですが、教育を全員に始めてから教育以外ではほとんど会ったことがない人が毎日挨拶をしてくれたり、失敗した人が頭を丸めてきたりといったことが起こりだしました。職場に笑顔が増え、ノリがよくなるような現象も起きだしました。今までは何だったんだ?? という変化でした。

ただしここまでが長かったのです。

07-04 混乱のメイルシュトローム（大渦）中心は自分

先ほど本章をまとめようとした時に逡巡した話をしました。本章の内容を書くのはずいぶんと心理的な抵抗のようなものがあったのです。それがよくわからなかったのです。書いてみたいのに書きたくない。こんなこと私が考えるべきことなのだろうか？ 大事に取っておいたほうがよいのか？ なぜ私のプロジェクトを遅らせようとしているあいつなんかのために。いろいろな感情が渦巻きました。それでも周りがひどく仲が悪くつらそうに見え、なんとか少しずつ書いていきました。そこでまず気づいたのが自分の書いた資料が気に入らないことでした。最初のころ本章などにある例え話の内容は真実がシャープに伝わるほうが良いと思って、かなり実在の組織・会社・人名などが入っていて、それを知っている人にウケがとれるような面白さが残っている書き物になっていました。それを今見てみると毒があって面白いです。でもそこに違和感を感じ逆に気持ちが悪く感じたのです。

よくわからないので他の人に見てもらったりしたのですが、面白いし意味があるがちょっと……という反応で、これは私の感想と同じでした。気に入らないので直していきました。そのうち、このあたりの状況を書くと誰だかわかってしまうのでいけないなと思って個人名を消し始めました。特にある人に「この人はわが社に関係深い人ですよ」と言われてはっと気づきました。わかりやすく面白くインパクトも強い、ある意味でよい文章だとしても、読んでいる人が好意を持っている人を悪く書かれていたり、その人の組織を攻撃したりしていては受け入れられるはずがない、ということです。なぜこんな当たり前のことに気づかず書き進めてしまったのだろう。〝仲良くさせるための資料の中身が他人の攻撃ばかり〟とは何のブラックユーモアでしょう？　自分がおかしくなっているような気がしました。

自分を内省する必要を感じました。

書き進めるうちに、この後に詳しく述べる〝教育の低調〟という部分を書いていました。古い時代でいう自己責任とは〝自分で考えろ〟ということだし、個人成果主義だと他人に教えると不利になるから〝教育なんて流行りじゃない〟ということか……

ここまで考えた時、はっと気づきました。これって私のことだ。

そうだ。私自身が孤人主義にやられているから、他人の教育資料を作りたくないのだ。自分だけが知っていた方が有利だと無意識に思っているから、すべて出すことをしなかったのだ。しまった、よくわかっているのだから私自身は大丈夫と思っていたのに、実際は無意識に〝古い時代遅れの風潮〟に強力に影響を受け過剰適合してしまっている。ひょっとすると他も……と考えるとわかってきました。身内偏重主義に過剰適合しているから、自分の身内でない他者は攻撃してもよいと思っており、実名を書いてしまっていたのだ。その他のバイアスもかなりかかっており、自分のなかに普通に文章が書けない、ロックのようなものがかかっていることがわかりました。それを全力で外そうと試みました。それは自分の書いた文章に、時代の変なバイアスがかかっていないか何度も見直すこと。それを徹底的に修正することでした。約半年くらいかかって文章がまともになってきました。やっている最中にしみじみとわかってきました。「なんだ、自分で自分のプロジェクトの邪魔をしていたんじゃないか。こんな文書を普段から書いていては皆私から引いていってしまう。私って馬鹿」

自分自身のロックが外れると、以下のような事態が進行中であると、すべてさらけ出して書けるようになってきました。その結果、非常に大きいことと思えてきました。

①設計や作業品質の低下、勝手コピー

身内優先のため、他部署交えたレビュー・チェックなど互いを高めあう活動が行われず、他流試合のないお手盛り活動となり、メンバーのレベルアップが遅い若しくは停滞することがあります。また、同僚間の内部レビュー・チェックなども、低調という極端な状況を呈している場合もあります。〝考えない主義〟や〝他人はライバルだから教えてくれるはずがない病〟のため、他人の成果を勝手にコピーして切り貼りし、安易な成果物を作りがちになってしまいます。これが自己責任の誤解で勝手にやれば良いとばかり、あまりレビューされないためそのまま通用してしまい、外に出ていってしまいます。その後外では痛烈に批判され実態が明らかになって問題化します。某大組織で文書の盗用など起こっているのがこれに当たる可能性があります。ＰＢ商品の大幅削減などが行われたあるチェー

ン店に削減の直前に行ったことがあるのですが、そこにある商品が非常によくあるような似通ったコピー商品群に見え、不思議に思った記憶があります。

②自分のことしか考えない言い訳議論による空転

個人主義により課題を議論する際、他人の問題も含めて、とても所属部署・会社の代表としての発言とは思えないことがあります。ゆえにどうしても発言内容が言い訳めいてしまいます。質問側も自分のアピールのため、どんどん先鋭的（つまり失礼）な質問になるため、議論のレベルが上がっていかず、聞きぐるしいやりとりとなってきます。感情的な言い合いになってしまい会議が空転することもよくあります。身内優先の弊害で、その議論に対するスタンス自体は、自部署を守る行為＋自己責任ということで、あまり内部で批評されず、直らないため悪循環に陥る場合があります。それによるメリットはほとんどなく、空転により解決までの時間がいたずらに長期化します。

③教育の低調

世界に冠たる日本の教育システム（寺子屋制度、丁稚奉公、徒弟制度〔師匠→弟子〕）

は対面教育、レビュー(ダメ出し)を基本としたものですが、個人主義により他人に教えると不利になるという誤解から低調となり、企業では効果の低いWEB教育などが主流になっています。誤解の内容は〝教育は単に他人に知識経験を与えるわけではなく、教える教師は自分の知識を別観点で見直すことで、新たな成長ができるというポイントを見落としていること〟です。レベルアップした人が育ちにくくなっています。国民全員に行き渡る優れた教育システムを持っているのは大きな優位点なのですが、自ら封印し、優位さを消してしまっているということはないでしょうか。

これを改めるため、私はこの3年で20回以上3時間の対面講義を続けています。自戒と反省を込め今後も是非続けたいと思っています。また、本書を書いたのも悪い習慣を葬るため他人に自分のノウハウの観点を見直して提示すること、それを繰り返し実践するという目的がかなり入っています。

④大規模プロジェクトの効率低下

個人主義で皆ライバルだと規模の大きいプロジェクトはライバルだらけとなり、ぎくしゃくし揉めごとが増えてしまいます。プロジェクト管理の巧拙の問題にされがちですが、それなら管理技術などなかったころのピラミッドなど完成していないはずです。メンバーの協力する力が落ちているのが現代の時代による問題と考えられます。

⑤大企業の没落

皆ライバル・皆敵の考えにより、部門間やメンバー間で人数が多いほど仲が悪くなり、大規模すぎると駄目ということになってしまいます。かつてはベンチャーに大手が負けるのは、協力が得意な日本では起こりにくい現象で〝大手には勝てない〟という言い回しが普通に通じました。いまや〝ベンチャーにやられる〟時代ですが、本来の日本人の協力する力が個人主義で弱まった結果ではないかと分析しています。それも海外から輸入された個人主義でなく、バブルとその崩壊による人心荒廃に基づく他人不信により、自分だけが頼りの〝自己責任型孤人主義〟です。いや、それももう古いのですが、未だに引きずっているのではないでしょうか。

⑥モンスタークレーマーの発生、隣国への嫌感情

身内優先・個人優先だと隣国・隣人・関係者への感情は悪くなります。そこから成果・

利益を得ようとする、なかなか想像できない存在がクレーマーです。お金万能主義と身内偏重・個人主義に複合的に染まった結果、反射的に他者に対して言葉による攻撃＝クレームを行い、有利・利益を得るような行動をしてしまう人というのがその定義になります。反射的に難癖・言いがかりをつけているので、その行為自体が自分の有利・利益にまったくつながっておらず、周囲の人からどんどん孤立していくことのほうが多いのに気づいていないのです。先の私の悪い文書もクレーマー化の産物で大いに反省しています。

他国を好き嫌いで判断する風潮も、礼を重んずるもともとの日本の考え方とは無意識に大きくずれています。

⑦小子化

個人主義の行き過ぎで男女とも〝1人でいるほうが気楽〟という人が統計上増えています。世界で最も安心・安全な国で人口が増えないのは、マインドの問題が大きいと考えられます。孤人主義に過剰適合すると恋人・子供ですら〝ライバル〟で、少ないほうが良いとなりかねません。対策も〝××手当〟などお金万能時代世代向けの金策が主力というものになっており、意識がまだ過去に引っ張られ過剰適合が解除できていない証拠と思われます。

⑧地球温暖化

直接関係しないかもしれませんが、この過去の習慣の誤動作の多くは世界中で共通と思われるので、以下の仮説を提示したいと思います。

身内（自分の国）のことしか考えない人々により多国間交渉が決裂し、そのうえで個人のことしか考えない人たちが利益を上げることしか考えず、利益を増やすうえでエネルギーを他国よりたくさん使えるほうが有利と考えるとするなら、使わないのは愚かであるというのが論理的な帰結です。戦略的に正しい行動をすることをためらうべきではない。よって情けないことですが、合理的な理由で地球温暖化は進むという結論に達します。

⑨前記①〜⑧が解決しない

こんな〝大きな問題は国や偉い人が考えること〟であり皆〝自分だけは考えない〟ことにしています。その結果機運として盛り上がらず、全員の問題なのに危機意識がなく声が上がらない➡ステークホルダーの意思・民意がないので、それを受け止める経営者・政治家も本気にならない。という流れが推定できます。経営者や政治家はある意味自分の意思で動くというよりは、ステークホルダー(関係する人、選挙民や自分のスタッフなど)の総意を具現化する存在です。よって皆が本気でない問題に本気になることはありません。国民である我々の意識に、先述したさまざまなバイアスがかかっており、それを無意識に変えまいとしていることも、解決を遠ざけている原因の一部を構成していると考えられます。つまり経営者や政治家が悪者ではなく、全員が過去に引きずられており、それに気づいていないのが原因ではないかということです。

＊＊＊＊＊＊＊

ではこのような状態から抜け出すにはどのようにすれば良いでしょうか? それはまず、何度も述べますが、まず今の我々の状態を皆が理解することです。本当にダメだと確信し、腹落ちしたことは脳が強烈に修正を焼き付けにかかるので、数か月で行動が勝手に変わっていきます。私の教育講座で効果があった人も、最初はなかなか直せないのですが、数か月後に会話すると別人のような話し方をするようになります。大震災などをきっかけに、その地方から今までのしがらみからふっきれて大活躍するような、ブレークした人が輩出するようになるなどが知られています。現状のままではダメと確信した時の行動パターンだと考えています。逆に揺れなかった地方の人はなかなか被災地に協力できないということもあるようです。

もう一度強調しておきますが上意下達で〝考えない〟、お金万能主義で〝儲け偏重になっている〟、身内偏重主義で他部署を攻撃して〝和を壊す〟、個人短期成果至上主義で〝協力しない〟人は、短期的に一瞬いい思いをすることはあっても長期的に幸せな未来を迎えることはありません。既に世の中がそのような人をマークして修正しようとしている時代なのです。

具体的な方法として私が苦労しているように、この話を他人に伝えようとすることも実は改善に有効で、自分が頭でわかっていてもうまくできないということが実感できて焦りが生じ、意識改革が進みます。

次に新しい今の時代にあった動きを徹底的に実施することです。けっきょく行動パターンは数を多くこなしたほうが優先度が上がるので、新しい行動パターンで動けば動くほど、古い行動パターンで行動することはなくなっていきます。仲良く協力して動くのが基本ですが、まず必要なのはスピードアップでしょう。考えない主義で思考停止していてはまったく行動パターンが焼き変わらないし、何より意思決定もできません。また拝金主義に染まったせいで、皆パワー重視でスピードをないがしろにする傾向があります。スポーツの重要な3要素、パワー・スピード・テクニックのうち、お金はパワー（筋力）に相当します。筋力をつける（金儲けする）のは熱心にやるのですが、その筋力を使って野球でいうとホームランを打つのはテクニック、反応スピード不足で振り遅れ空振り（投資してもちっとも売上増に結びつかない）という、ていたらくになります。勢いすべての意思決定や行動がひどく遅く、少しでも金の取れる方向で検討するのに時間がかかるようになってしまっています。しっかり考えたうえで損得よりもスピードをまず優先する。これが重要です。

今、それを私ができていないのに気づきました。しまった、また頭ではよくわかっていたはずなのに……本書を書くのにずいぶん時間がかかってしまっているじゃないか！　また反省して出直しですね。でも悲観したものではありません。まずは自分の状態を理解すればゴールまで半分の所に来ています。皆さんの無意識がこれを大問題だ、なんとかしなければと認識すればいいのです。あきらめさえしなければ、問題はもう消えていくのです。あきらめないための具体的なテクニック、脱出方法はもう少しあとで述べていきたいと思います。

第8章　発展組織の特徴と失敗放置による弊害

――発展していく組織は内部の成功している人をN倍化できている。その過程でうまくマネできていない失敗している人を直す再発防止策にも長けている。これはある理由で難しい。その理由を説明する。しかし日本は有利な要素を持っていて跳ね返すことのできる組織も多い。それは教育システムの有用性と再発防止文化の保持によるものである。

これができていない組織は「2：8」となって停滞・衰退に進む[*1]ので強制的に直す方法も紹介する。それは成功している人を無理やり真似させること。わけがわからなくても成功体験をさせれば焼き付けが始まる。

08-01　厳しいお客様

ここで今までの話をおさらいすると、

（1）プロジェクトの成功も失敗もパターンがある

（2）成功パターンは違うタイプが仲良く協力してコミュニケーションを図り、あるいは適切に役割を切り替えながら相互理解して、お互い尊重しながら進めるという理想系を目指せばいいので、ほとんど1つのパターンしかない

（3）失敗パターンは整理不足や誤解の元がたくさんあり、成功パターンをいかに歪めているかということになるので、その誤解等の数だけ失敗パターンがある

ことなどを説明してきました。

したがって発展していく組織というのは、成功パターンを実行する人間を増やす仕組みを持っているということになります。

また、遥かに失敗パターンのほうが多いので、その失敗パターンを組織的に排除する仕組み、すなわち再発防止策の立案とその対策の実行能力を備えていることが不可欠です。

なぜ成功N倍化だけで足りないかというと、「2：8の法則」といわれるように組織は普通に作って大きくしていくと、劣化して失敗パターンがはびこる傾向があるからです。

成功パターンを目指すために、個人個人はここまでの失敗パターンの説明のところに解決方法がある程度書いてあるのでそれを心がける。または失敗パターンを発見した時に有能なプロマネを呼ぶなどしながら、成功を強く意識して試行錯誤しながら進めればよいと

いうことになります。

この章では組織の話を強調して述べていきたいと思います。プロジェクトは規模が大きくなってくると組織を跨って構成されることが多いのですが、その組織自体が共通阻害要因でおかしくなっていると、プロジェクトもおかしくなってしまいます。したがって共通阻害要因を跳ね除け、発展する組織にするにはどうするか知っておくことが重要です。

成功パターンを組織的に導入する方法は相当専門的な能力がないとうまくいかないので、説明はこの章の最後のほうに回します。

まず組織防衛的なところから入ります。端的にいうと有能な組織であっても、共通阻害要因により失敗することは避けられません。しかし、その失敗を放置することなく失敗の本質に目を向けて再発防止することに重点を置いているのです。

第６章で不具合を勝手に直してしまう人々に繰り返し悩まされていた例を挙げました。そこで私が有効な再発防止をするまで、絶対に許してくれなかったお客様組織などがその組織の典型例です。再発防止ができればプロジェクトの予備費（リスク管理でとっておいたもの）を使ってプロジェクトは復活可能なのですが、再発防止できないと何度も失敗し予備留保を使い果たして最後を迎えます。

整理できずに複雑な状況に敗北してしまい、担当が皆投げやりになってしまっていても、組織が優秀なら持ちこたえ跳ね返すことがあるのです。

よく〝勝つまであきらめないこと〟といわれますが、徹底した再発防止への執念といったものが実際の行動パターンです。

その方法は、

（1）どの失敗パターンに入っているか調査、分析、理解

（2）失敗している人に根本的な原因を理解してもらう

（3）失敗している人に行動パターンを正しく変えてもらう

というステップで行われるものでこれは（1）と（2）が反省で、（3）が再発防止策の実行ということになります。

再発するような問題はリスト化され、定例の打ち合わせで何時間もかけてフォローアップで追及されます。反省できて解決しないと5年くらいリストに残っていることすらあるのです。このような執拗ともいえる再発防止文化は、高度成長期の社会インフラを開発した巨大組織からの遺産といえるもので、そのなかで鍛えられた御蔭で私も一人前のトラブルシューター（問題解決の支援者）の端くれとなれたのだと、今になって感謝しておりま

す。若いころはひたすらつらかったのですが……。

他の例では学生時代の先輩でアニメ特撮監督になられた方が、あるシーンの絵（アニメのセル画）が気に入らない（＝失敗だと思う）と1週間ぐらい作り直しを強制することがあったそうです。いや厳しい!!

これが正解というとなかなか納得できないことかもしれません。今だと「絶対再発防止しないと許さない」と言うとパワハラと言われてしまうとか、いろんな反対意見が出てきそうです。

しかし思い出してください。ここまでで紹介した共通阻害要因は本能が誤動作する場合も、育った環境の影響を受けている場合も、それが外から見えにくいうえに自分でも意識できていないのが特徴なのです。だから放置しているとすぐに広まってしまい、多くのメンバーがプロジェクトの足を引っ張る失敗行動をしてしまい、一部のリーダーとプロマネだけが、プロジェクトを進めようと成功パターンを実行して奮闘していることになります。これが2：8の法則の1つの実態です。

一見安定している（＝停滞している）プロジェクトや部署ではそうなっているものも多いと思われます。成功パターンを実行している人（成功者）以外は失敗しているというよりは、昔成功者自身が行っていた試行錯誤を繰り返しており、その方法が成功者よりうまくないので、結果が出ない状況といったほうが納得しやすいかもしれません。

この試行錯誤が実は曲者なのです。試行錯誤であまりうまくいかなかったもの、言い換えると〝とてもうまくいったもの以外〟が、再発防止が必要な〝失敗〟ということになるのです。厳しいと思われるかもしれませんが、少し我慢して読んでください。

この失敗を教師として反省し、次の試行錯誤する際に〝失敗しないように次はこう工夫しよう〟と意思を持って反映できなければ次も失敗しそうだと思いませんか？

あまりうまくいかなかった方法を工夫なく次回もまたやれば、またうまくいかないということです。2：8の法則になってしまうのはこの〝意思を持って工夫を反映する〟、英語でいうフィードバックという部分が機能していない場合に起こるわけです。

それはなぜなのでしょうか？

実はそれは余裕による油断なのです。先ほどの停滞している組織ではまだ2割以上の成功者がいるので、組織としては成功者に〝おんぶにだっこ〟になっているものの、維持ができてしまいます。つまり余裕のある状態です。

最初の成功者は組織も貧しく裸一貫に近い状態だったので、成功しないとすぐに組織解散という背水の陣で日々反省し、厳しく自分を見つめざるを得なかった状況でした。あまりうまくいかない状態ではいつも自転車操業のひやひやなので、とてもうまくいく方法を厳しく追い求めざるを得ません。余裕のある状態とまったく違うのがおわかりになるでしょうか？

既に成功者がおり、余裕のある状態では〝失敗〟している人もついうっかりその失敗している取り組みを〝よしよし〟と認めてしまう、認められてしまう場合があるのです。

つまり、酷い失敗であっても給料も下がらないどころか定期昇給で上がってしまい、会社のための努力を讃えられたりしてしまうとしたら……。これは誤解しますよね。こうなると脳のメカニズムにより、その人にとってサバイバル成功と判定されるので、その失敗パターンを成功パターンと誤認識して小脳に焼き付けてしまう。当人は〝来年も同じことをすれば昇給するし、苦労をねぎらってもらえるんだ……〟と無意識に思い、それに沿って行動してしまう。その行動パターンを変えようとすることは、第5章の人格切り替えコストの問題もあるので、高いモチベーションを持って行うのは難しい。

簡単な例でいうと提案資料を作ってまったく間違っているとします。それは上司に与えられた前提条件に足らないものがあったせいです。1000円以下の商品でないと売れる見込みがまったくないのに、それが前提としてもらった文書に入っていなかったので、3000円の商品を提案する100ページの提案書を作成してしまっているのです。この人に〝資料作成ご苦労さまでした〟と言っていいのでしょうか？

本書冒頭の私のゲーム機製作失敗の経験からいうとまったくダメです。

提案のような未知のものを行うのに、前提条件を逐一確認してリスクを最小にして進めないと、途中でこけてしまう確率は極めて高いからです。

だから、「なんで全部作る前に相談しないんだ！　金額なんて気にするのが当たり前だろう」と叱る方が正解です。でも私自身のゲーム機の例がそうだったように、ほとんど作っちゃっている人は相当がっかりしますよね、せっかく作ったのに怒鳴られたりすると。

しかし、その強烈ながっかりを〝自分がかわいそう〟ととるか、反省して頭の中のプログラムを変える契機と捉えるかで、その人のその後の人生は大きく変わってしまいます。

私もゲーム機の失敗の折、1か月くらいICチップが届かなかった間に〝もうこんな馬鹿な真似は二度とやらない〟と夢に見るまでに思ったものです。

〝かわいそうに、よしよし〟と言われ続けてしまうと、結果として誰も望んでいないのに、ある意味失敗しようとする人を育ててしまう可能性があるのです。そのように上司や同僚が「大した問題じゃない。気にするな」などとは、決して言ってはいけないのです。これが蔓延していくと2：8の法則が当てはまる停滞部署に突き進み、そのままでは止まらず取り潰しになってしまうことだって考えられます。

もちろん、これが世の中すべての失敗例の説明になっていないかもしれませんが、いわゆる〝懲りない面々〟を作り出してしまう、組織崩壊メカニズムが存在するということになります。

これで大体わかってきたのではないでしょうか？　とにかく日々の活動をきちんと分析して正しく成功と失敗に分け、失敗は徹底的に反省（責めてはダメです）して直そうという気持ちになってきませんか？

ここで非常に重要な反省方法のポイントは〝罪を憎んで人を憎まず〟です。罪＝失敗そのものを注視し、それをやってしまった人を責めないようにすることです。具体的な正解は〝失敗した人に厳しく反省を促しながらやり直させる。直るまで何度も〟ということになります。

間違ったやり方の例では押し付け型のリーダーだとすぐ人を憎んでしまうので、その失敗した人を責めたり外してしまって、違う人に替えたりするのです。しかし本当に難しい問題に直面している時は次の人も失敗してしまうので、無限に人を交換することを続けるという不毛極まりない展開になってしまいます。

要は失敗した人の経験を拾ってフィードバックして、他者の知恵も加えて改善していきましょうということです。でもいい加減なところで〝よしよし〟と言ってはいけません。いくらやり直しても同じ失敗を繰り返してしまうので、ビシッと直るまで厳しく指導です（しかし、やられる立場だった時は嫌だったなあ……）。このあたりがプロジェクトの成功率が低くなる要因ですね。鬼コーチが必要な理由です。パワハラさんと紙一重なので、皆でよく議論して正解・失敗は見極めましょう。自分に厳しくなる習慣づけが必要なので、殺伐とした雰囲気とならないようユーモアも忘れずに。やりすぎるとプロジェクトがきしみ始めます。

けっきょく、十分失敗を反省して作った再発防止策が有効であるように思われない限り、決して〝よしよし〟と言わないことがプロジェクトを繰り返し行う組織にとって重要です。反省しない組織はそれだけで長期的には衰退するというのは事実です。

何度もいっていますが頭が納得すると脳に焼き付けられ、この本を読んでいる皆さんが再発防止に厳しくなり、共通阻害要因を撥ね退けられるようになります。それが組織や日本、引いては世界・人類の発展の鍵なのです。

08-02 成功者が増えなくなる過程

では、先ほど飛ばしてしまった成功者を増やす方法です。

失敗例が増えないようにすれば成功例が増えるかというとそうではないですよね。それはそれで成功パターンをうまく実行できる人間・成功者を増やしていく活動が必要です。

実はこれも特殊な条件があって、組織が小さければわりと簡単なのです。しかし組織が大きくなっていくと増やすこと自体が急速に難しくなるメカニズムがあり、そのせいで２：８部署が増えるのかもしれないのです。この理解から始めましょう。

このメカニズムをＨモデルの１人の人間モデルの考え方で説明すると、まず仕事で成功するやり方を確立させた人がいるとします。役に立つ人間の必勝のパターンは脳に焼き付けられるので、ずいぶん速くできるようになっていきます。すると、急速に成功してその結果その人の所属する組織が大きくなっていきます。しかし、これは文書などで説明資料になっているわけではなく小脳が行動パターンとして刷り込んでいるだけなので、新規のメンバーが成功するには成功している人を見よう見真似でやるしかないです。成功している人も成功パターンのすべてを意識的にできているわけではなく、習慣化して脳のプログラムで自動実行しているだけ=〝大脳側で気づいていない部分がある〟ので、皆に話して聞かせられるのは成功パターンのあまり重要でない一部だけになってしまいます。本当に重要な小脳に焼き付けられた部分は意識すらできていないので、語られないことのほうが多くなると考えられるのです。

序章で述べた宇宙開発のノウハウが書かれていない部分があるといった部分が一例として挙げられます。宇宙のドキュメントは雛形が何百ページもあり、初見の人は見るだけでやる気を失いそうになるものです。私もとても取りかかれる気がしませんでした。

でも実は最初に何をしなくてはいけないかというと、数百ページの何千項目の記入欄をまずすべて見て、わからなければ〝未定〟と記入することなのです。私が見せてもらった実例のあるページの表などは90％以上未定（ＴＢＤ）[*2]という、書いた人の名前だけが入っているような状況でＴＢＤだらけの文書でいいんだろうか？　と思いました。でも先輩に聞くと「いや最初はこんなもんだよ」とのこと。これならできるかなと思いましたし、もう少し埋めたものにしてやろうとやる気が出ました。

次のステップは未定と入れたもののなかで、自分にわかる部分だけ記入し「もし自信がなければ〝作業中〟といれろ！」というものでした。これが実際の進め方なのです。この資料を事務局がカウントして未定率80％、作業中10％、完了率10％といった報告にしてくれます。これを極めて大雑把にいえば5年かけて完了率１００％にすればいいのです。進み具合が悪いと、ＰＭや事務局が同じようものを書いた経験のある人を探してきて、救援隊を送ってきてくれます。これならできそうな気がしてきませんか？

このプロジェクトの進め方だけはどこにも書いていないのです。私も今初めて書きました。

隣の先輩がやっていればすぐにわかりますが、もし雛形５００ページだけが送られてきたとしたら、また全部綺麗に記述が埋められた別のサンプルが送られてきたとしたら、果たして何パーセントの人が正しく進められるでしょうか？　私も危うかったのですが挫折する人のほうが多いのではないでしょうか？

このように成功の結果として膨張した組織のなかで、成功者の側近のようないつも成功者の近くで一挙手一投足をながめられる鞄持ち以外は、最重要な成功パターンを正確に真似することはできず、実施できないかできたとしても少し間違っている、ということになる可能性が高いのです。

これが実際に起きている現象だと考えています。このことから組織の規模が小さい時はどんどん成功者が増えるのですが、組織が膨張するにつれ成功者の割合が下がり、効率が悪くなっていく。そのために成長が鈍化し、徐々に緩慢な組織になっていく。そして最終的に成功している人が2割までに落ち込むと成長率がゼロになる……

これが停滞の構図のもう1つではないかと考えています。

成功パターンが脳内のプログラムという暗黙知で見えにくいので、成功している人と失敗している人の差が見えにくいが故に、前記のような誤解による問題が生じます。後で詳しく述べますが成功している人をうっかり外したりしてしまい、停滞に拍車をかけてしまうこともあると思います。

また、失敗８割の部署の多くの人は成功しているのはたまたまであり、自分たちはこれで良いのだと考えるに至っています。自力脱出は困難な状況です。

08−03 成功者を強制的に増やす方法

では停滞状態の対策はあるのでしょうか？　いわゆるスーパープロマネを雇うとやってくれる一発逆転の力技があります。それは無理にでも成功を体験させることです。

２つ重要なポイントがあります。
（１）まず２割の成功者を識別します
（２）その人たち中心に組織を組みなおします
まず組織が存続している以上２割の成功者は確実に存在するので、なんとか見つけます。次に後で述べる成功者を真似しないメカニズムに対抗するため、識別した成功者に特権を与えてリーダーとして動いてもらうようにします。さらに彼らの成功パターンを打ち合わせや会議などで他のメンバーにわかるように語らせ、あるいは代わりに通訳して語り、プロジェクトメンバー全員に少なくとも理由は不明でも〝こういう時はこう行動する〟ということをシンクロして実行できるようＯＪＴしていきます。つまり強制的に成功者の真似をさせる仕組みを作ります。カリスマ経営者だと１人でスーパープロマネ役と成功者役と兼務しているのかもしれませんが、私は分業制の例しか知りません。

表面的に真似させるだけでは効果が薄いと思われるかもしれませんが、キャリア10年のベテラン選手の一挙手一投足の意味が、ルーキーにわかるはずはないのでまずは形から真似させます。宇宙開発の例でいうとまずＴＢＤを入れるために全部のドキュメントを読ませるということになるでしょう。私がそうだったようにあまりに埋められない自分に情けなくなり、少しは努力しなくちゃなと自覚させるというのが狙いかもしれません。今みたいにコピーが簡単な時代だとわかっていないのにそれらしい偽情報をコピペして埋めてしまい、わかっていないことに気づかないということも起きそうなので、先輩の正確な真似の当てはめが必要です。

意味がわかるのは３年後、５年後でＯＫで、そのころには教える側になるはずです。

リーダー役の成功者が道を切り開き、フォロワーがその成功を再生産できるようになればまずは軌道に乗ったといえるでしょう。教えるのが好きなリーダー役がいればそれに越したことはないのですが、実践での繰り返しループに早く突入させた方がメンバーの成長は速いです。早ければ半年くらいで1人で成功するようになります。この方法の特徴は行動パターンや思考パターンを真似して身につけるので、意味がわかるより前に成果が出ることです。もちろん、すべて師匠とそう仕組んだプロマネの成果なのですが。

成功するとその一度の経験が実行した当人に、今までの誤魔化しによる〝よしよし〟よりも遥かに強烈に焼き付けられます。急速に行動パターンが改善し、別人のように活躍しはじめます。私は学生時代のＳＦ大会主催の先輩たちが「小さくてもよいから成功を経験させればスタッフは化ける！　誘い水の小イベントをやるぞ！」などと話し合うなかで育ってきたので、このような仕掛けを作るのは大好きです。いや、私自身もＳＦ大会で成功を経験させられてそのループにのめりこみ、ここまで来たのかもしれません。

大体これでうまく回るはずですが、注意する点があると教えるリーダー役が、自分がオンリーワンのカリスマとか思っていて第7章に挙げた個人主義に陥っていると、こういう全公開で背中を見せることはやってはくれません。

そういう人は他人に見えないところでこそこそやる可能性があり、弟子側も個人主義に過剰適合していて個性・オリジナリティ重視とか考えていると、自分の個性を殺して真似に徹することができず失敗します。まず普通の日本人になるため、この本の第6章くらいまでで示した協力を最重要視するHモデル教育は前提として必須です。

もうおわかりかもしれませんが、前記は日本の教育システム（丁稚奉公、弟子入り）での普通のやり方を今風に書いただけです。あと歌舞伎など伝統芸能でいう守破離の最初の部分型に嵌めて演じさせるという部分ですね。

ドイツにもギルドのマイスター制度という、師匠と同等レベルの製品（マスターピース）が真似できないと職人と認められない仕組みがあります。他の国にはあまりないんですよね。なぜこの2カ国が製造などの分野で世界を席巻するのか。その地力の大きな部分が私はこの教育システムにあると思っています。

＊＊＊＊＊＊＊

組織は失敗の反省と再発防止が機能していれば劣化が防げる。さらに成功者をうまくN倍化できれば発展する。また停滞してしまっても解決は可能である。

無意識に共通阻害要因を排除し、その仕事に合った最適な行動をパターン化することで、成功する人間を停滞した組織は必ず抱えているので、それをうっかり追い出したりしなければその人間に教育させる、弟子入りさせる、丁稚奉公に出す、その人間の鞄持ちをさせるなどすれば成功する人間を育てN倍化できる。

しかしその仕組みが作れなかったりオリジナリティを過度に重視したり、なかなかそこまで真似したくなくなってしまうと、ほんの上辺だけを真似た劣化コピーとなり、成功できなくなっていく。

脳内のプログラムが成功者の秘訣であることを認識し、正しい方向性を目指しましょう。なぜ真似し切れないかという点は単に難しいからではないようです。それについては次章で述べます。

＊１　２：８の法則

パレートの法則と呼ばれるもので自然な物事のバラつきがこの比率になるという法則です。いろんな使われ方をされているのですが、蟻の社会の実験で、働き蟻は全体の２割しか働いていないという結果があり、人間の組織でも〝全営業社員の中の２割が売上の８割を上げている〟というようなことが言われています。これが本書でいうバランスしている

＝停滞しているときの実態だそうです。

＊2　ＴＢＤ

to be determinedの略。どこが開発者にわかっていないか明確にし、プロジェクトのリスクを定量的に把握するため、できるだけ細項目に分けた上で資料に記入させる記号。他にＴＢＲ（to be revised／作業中）、ＴＢＦ（to be filed／確認中）など複数の表現があります。

第9章　成功の連鎖に重要なこと

――成功パターンを維持するだけでなく、さらに改革・改善していかないと時代遅れになる。改善に全力を注ごう。意識がついていけない人を入れたエコシステムが鍵です。ついていけない人は、大きな組織ならまだそのパターンが有効な所に配置換えするという選択肢がある。徐々になくなっていくのでやはり意識改革は必要だが、進捗を緩やかにし、軟着陸できる可能性がある。

改善の方法はワクワクしながら、成長を試行するDタイプの性格を自分のなかで強く持ってプロジェクトを進めることである。高難易度のプロジェクトではメンバーが成長することが必要条件といわれる。日本では師匠を超える弟子という図式で既に示されている応用だが、行き着く人は数少ない。このような人たちを大事にしなくてはいけない。彼らを師匠にし、その弟子たちを増やしていくのが繁栄への道である。

下記の阻害要因があるので、教育の実践と思い込みの排除を常に念頭に置かないと、部下や自分が阻害要因となることに注意しましょう。

・ここまでのすべてのプロジェクト進行の基本をある程度理解・マスターしていないと自分が邪魔になってしまい、周りの足を引っ張ってしまう。
・真似したくない阻害要因→真似しないのが正解であるという思い込みの助長。
・ベースモデルのＡＢＣが現在うまくいっていればそれより先は贅沢なのであまり求めず、ニッチになろうとしてルールを作ったりし、そのことが衰退を招く。
・真の成功者は現在の正解を捨てようとするので組織の破壊者と勘違いされ排斥される。例えば経営会議から追い出されるとか。
・多数決や残業信仰で成功者の試行錯誤が低評価となる。
・個人主義（格差社会）だと特定個人を祭り上げるため成功者が独断で動くようにミスリードされ押し付け型に変調していってしまう。逆に平等主義（年長者優先社会）だと成功者に組織をリードさせず、危険タックルや喪に服させるなど妨害行為が蔓延し、失敗例がはびこってしまう。

これらの阻害要因に対する対処はやはり理解が必要で重要です。だが、さらに強力な手段があります。それは次章で述べる正しい目標設定が鍵となっています。

09-01 成功パターンの改善

プロジェクトや組織の発展というものは成功の連鎖で成り立っているといえます。今日も一日皆が笑顔で気持ちよく仕事ができたという繰り返しが組織内で起こっていれば、その組織が発展していないということはまずないでしょう。

つまり日々小さな成功で満足感を得、その拡大再生産を行っている過程と取れるわけです。第８章で真似を推奨した成功者とはこのループが回せる人なのですが、他の人と何が違うのでしょうか？

普通の人は成功したと思うとその状態を維持しようとするのですが、本当の成功者は過去を捨てて先に進もうとする点が違います。つまりこれが成功者に対する誤解で、普通の人は成功者がいいパターンを見つけた人だと認識しがちになるのですが、それは違っていて成功者は自分のパターンを改善しつづけ、古いものを新しくしながら仕事をしていると認識しています。

それは成功パターンは陳腐化するからです。つまり普通の人は成功者の上辺（現在成功中の行動パターン）だけを真似しようとし、それに成功すると満足してしまいます。だからその状態を維持しようとするのですが、実際はそれは既に皆が知ってしまっており、陳腐化が始まっています。いい成功パターンほど皆真似しようとしてどんどん陳腐化が進みます。本当に成功する人たちはそのことを知っているのでその先を切り開こうとします。従来の成功パターンを一部変えていろいろ楽しみながら試し、その先を探りあてます。第8章で説明した成功者を**真似し切れない理由は**彼らが、**今ここにある成功パターンを捨ててしまおうとするかのように見えるから**です。そりゃ勿体ないと思いますよね。でも成功者にしてみれば状況に合わせていつものようにやり方を変えているにすぎません。

競争が段々激しくなるというのは皆真似しあって類似品になっているからです。その先を行っている人の真似をするだけでは二流の域を出ず、機動的にやり方を変えられる人の割合が増えてきた現在、競争に振るい落とされるという羽目になります。

携帯電話を例にとると、最初通話しかできなかったのにメールができ、インターネットのサイトが見られるようになり、GPSと地図で位置がわかり……と、どんどんできることが増えていきました。これに合わせてついていくだけでは不足で、常にライバルたちの少しだけ先を行った者だけが勝ち残っているわけです。現状は安いコストでついてきた人たちがボリュームゾーンを作って投資金額を確保し、その先に投資してというサイクルをうまく回せた所が残っているようですね。でも今後はまたルールがいつ変わるかわかりません。

前述のように成功の連鎖とは実は成功パターンを維持することではありません。では何が成功の連鎖なのか。よく言われているように変化し続けるものだけが生き延びます。つまり〝成功パターンを正しいやり方で改善し続けること〟が成功の連鎖です。どちらかというと成功パターンの成功パターン、メタ成功パターンというべきものですね。

無理やり人をかき集めオーバーワークによる対策をして実行せざるを得なくなっている場合、成功パターンが既に少しずれているのにそれを維持して無理に力任せで進めているという言い方ができると思います。成長が鈍化していく組織で、鳴り物入りで始まった大プロジェクトが、そこまで成功せずコストオーバーすることなどがあると思いますが、このパターンに嵌っていることも多いです。市場が求めているものが変化しているのに、従来通りの製品を、今までより開発費をかけて見た目を立派にしたものを作るというやつです。

このメタ成功パターンまでが必要である理由は、現代の特に先進国が情報化社会になってきているからだと考えています。少し昔までなら既知の成功パターンをずっと守っていれば安泰だったのに、今では成功パターンはすぐに他組織がキャッチアップしてその上を行こうとしてくるのです。よってより改良された成功パターンでないとうまくいかなくなってきます。成功パターンを維持しようとする行為は真似され、衰退を招くことになってしまうわけです。時代遅れといいますが、情報化社会では従来の数倍の速さでそれが起こってしまいます。1つの成功パターンは今までは10年くらい有用だったのです。その間にゆっくり変わっていけば優良組織だったのです。昨今はほんの2、3年で変化してしまうのです。そうでない分野もあるのですが、先進国で競争が激しい=現在成長中の分野、はたいていこの考え方が当てはまると思います。

具体的なやり方は第5章に示した新しいPJの進め方の段取りのことで、システム的にすべてのタイプの人格を組織にそろえ、フェーズごとに正しい担当を割り当てて進めるのが最も有効です。新しい企画を次々成功させる人や、その仲間たちは正しい改善のやり方が頭に焼き付いているので非常に速く変化できるのです。このような変化し続ける組織になれば成功を連鎖できる条件を満たしているということになるでしょう。

でもこれが難しいのはここまでの脳への焼き付けのメカニズムや文化や習慣に感化され、なかなか変えられない人間の性質から、皆さんにもわかってきたと思います。

そうそう人間はすぐには考え方を変えられないし、変えたくないし、間違っていても流される存在だからなのです。反省すら満足にできていない我々にはなかなかの難題といえるかもしれません。

変化する多様な社会というものは脳の成功パターンにとっても大きな試練なのです。

09-02 対応するものとなる手段

巨大な組織であればもう1つ方法があります。世界は広いので、ある地域や国で通用した成功パターンが時代遅れになった時、それに続く国が古い成功パターンを流用することがあります。日本が成功した高度成長期のパターンをその後アジア諸国が取り入れたのが広く知られている例ですよね。これに合わせてグローバル企業であればその古い成功パターンを持っている部隊を次の国にまとめて持っていってしまえば、その人たちは成功パターンを焼き変えなくても済みます。でも国が違えば言葉や習慣が違うので、そこは脳のパターンを焼き変えなくてはいけない。けっきょく変化なしで成功し続けるのは無理ということでしょう。

その国や地域の時代（フェーズ）に向いた人を部署や地域の壁を越えて集めるといった方法は、使い方を間違えなければ有用です。よくある間違いはその人たちが優秀だから成功しているというような、現在の成功を褒めすぎるメッセージを強く送ってしまうことです。そうして褒められるといい気になってしまい、現状維持の気持ちになってしまいます。いつの間にか時代遅れの度合いを増していき、まったく変化しない人になってしまい没落といったことが考えられます。

先ほど難しいと述べた変化し続ける組織への改革をうまく進める方法はあるのでしょうか？　なかなか難しい命題ですが、少し方向性を示しておきましょう。基本は私のような大人が失って久しい、Dタイプの成長への熱望を持つことなのです。〝大人がそんな馬鹿っぽいことできるか！〟と思っていると衰退するという罠なんですよ。もう少し詳しくいうと以下の2つが挙げられると思っています。

①教育による意識の方向づけ

前章で成功者を真似する日本やドイツの教育システムが最も有効、という話を出しました。そのなかでも特に日本の〝師匠を超えて弟子は初めて一人前〟という仕組みが成功パターンの変化・進化を促す部分です。歌舞伎の守破離の「破：作業を分析し改善・改良できる（1・5人前）離：新たな知識（技術）を開発できる（創造者）」（ウィキペディアより）の部分であるという言い方もできます。長い文明の継続からこのあたりの考え方を既に持っていることが日本の大きなメリットであることを是非再認識してください。これを仕事に応用し、自分や部下の日常の仕事の進め方に〝尊敬する先輩を真似る、超える〟という考えを常に導入することです。こういうことが実際にうまくできて化けていく人は少ないので、それを識別して大事に育てたうえで、組織内で鞄持ちを一杯つけて後進を育ててもらいましょう。私もWさんというロールモデルがあってなんとかここまで来ました。関係ないはずの会議に強引に顔を出したり、オッドマンみたいに振る舞っていると、そのうち邪魔だといわれたり、真似を本物と誤解されて馬鹿にされることが多くなったりしますが、それは平気になってきました。序章で登場いただいた〝油さし〟の言葉を残した大先輩は、他にも〝変人の会〟というような組織を作られており、一見真面目でないような、まだ私が全然意味を読み解けていない不思議な工夫をされています。

彼らを超えられるか？　と聞かれればまだまだです。でも画家の父から受け継いだ物事を可視化するというのは意味があり、その価値観を合わせて資料を作り改善するという方法は見出しつつあります。今後も精進を続けたいと思います。

②プロジェクト計画や進め方への作り込み

プロジェクトの計画とはやったことのない仕事にメンバーが挑戦し、成長することで困難を克服して成功させるものです。これは学生時代のSF大会開催の先輩方に教えていただいたもので、単に日程を置くことよりもわくわくするような企画を作って参加者、スタッフをノセ、やる気を上げることに力点が置かれなければいけません。よってこれに慣れてくると、成功が日常になっている人は会話が常に弾んでいるような、いわゆるノリノリの状態になっていきます。

実は先輩方もナンセンスユーモアや、わざと緩い一見無駄な行為が作業に入っていて試行錯誤をしていました。プロジェクトでダメな行動をしている人をネタにショートコントを作って合宿場で演じて皆で笑い飛ばし、明るく改善するなどとても普通の組織ではできないことをやっていた記憶があります。ある先輩コンビは笑い飛ばすのに失敗するとブラックなだけなので、ウケ（笑い）を取るように必死に努力されていました。笑い飛ばすことで危ない状況も直視できるようになり、その兆候を感じ取るセンスが磨かれて事前に気づき、ぎりぎりで回避できるという超上級テクニックであったということが最近なんとかわかってきました。

厳しいこともいうがユーモアに包んで強く印象づけるという手法ですが他にも〝良いことは思いっきり褒める〟などがあります。良いパターンの焼付けにメンバーを誘導していきましょう。

現在のプロジェクト管理にまだこの考え方は採り入れられていません。教育成長はまだ、振り返りなど終わってからの活動の部分しか強く言われていないです。しかし、高難易度のプロジェクトをやっていたプロマネが皆成功したのは、メンバーがやっている途中で成長したからだと口をそろえて言います。具体的な定番を揃えて示すことはまだできないのですが、本書のなかで示した成功例はそのいくつかの例となっています。私が部下の危なさそうな行動をよく見るようになったのは、それをネタにからかってやろうという先輩ゆずりの（もちろん善意の）意図があったからで、それを見抜かれた真面目なCタイプによく注意されました。実際からかうのに失敗してブラックになったこともあります。これでは教育的指導かいじめかわかりません。またここで紙面を借りてお詫びします。大変申しわけございません。

是非例を参考にさらに工夫を加えてもらって、プロアクティブにメンバーの成長を牽引しましょう。

09-03 変化しつづける方向性への阻害要因（共通阻害要因3）

情報化社会に入ったのがほんの20～30年前からなので、それ以前の社会構造にある程度阻害されている状態になっています。

基本、社会は歴史的に安定を求めて発展してきたので以下のような話があると思います。ちょっとどうにもならない所もあるかもしれませんが、ご参考までに提示させていただきます。また、自分たち自身が変化に対する抵抗勢力になってしまわないための注意事項という側面もあります。

つまり端的に大事なことを言うと、情報化社会になってからまだ50年も経っていないので、社会の秩序を守る仕組みが情報化社会の常識と衝突します。時代の変化を先取りする成功者は、秩序を悪戯に脅かす破壊者と同じものであると見なすことができます。破壊と再生による性急な世界の改革はいいことなのか？　従来は急に世界が変わらないように制度設計がされています。

例えば、階層化が進んだ社会だと、エリート層とその下の庶民という構造になり、庶民がノリノリで世の中を発展させるのが制限されるといったことが起こります。そういうのはエリートがやるので問題ないという扱いなのですが、人数の差が１００：１以上なので、そのコミュニティの大半が重要な創造的活動に加わらないということになりかねず、このあたりが社会の問題となると思われます。さまざまな一工夫で解決する問題がたな晒しになるといった現れ方になるでしょうか。例えば階層化と対極の日本では、さまざまな分野で不具合がゼロになるまで努力するのが当たり前ということになっています。

そのため、停電や断水などは日本ではほとんど起こりませんが、海外ではその限りではありません。先進国といわれる国でも停電などが当たり前にあるようです。断水は水事情が違いすぎるので一概には比較できないようですが、状況としては同じです。

このような社会では世の中の発展を補助するため、学会や映画演劇・メディア・社会活動団体などが強力な輝きを放ち、エリート層に改善を求めるということがよく起こり、補完するようです。

「よかった。日本は非常に平等社会なのでそういう問題は一切ない……」と永らく考えていたのですが、最近別の問題があるのではないかと思うようになりました。

段階別の話になります。小規模のプロジェクトや小さい組織の時は、今述べた平等化社会のメリットで皆世の中を良くする気持ちで仲良く協力して進むことが可能です。いきおい元気のある中小企業が多い日本に合致しますよね。先ほどのように細かい工夫の繰り返しでいろんな問題も急速に減っていきます。ここまでを段階1とします。

でもその結果うまくいって発展してきて、少し規模が大きくなると2：8の法則メカニズムが動いてしまいます。つまり、成功している人のやり方をうまく真似できず効率が劣る人が増えていきます。

さらに規模が増えてくると本当に成功している人（αとします）とその周りの人の区別がつかないので、αの真似をしているβを真似する、そのβをお手本にする次の世代のチームができあがります。ここでも見よう見真似なので、さらに効率が落ちます。ここまでを段階2とします。

規模がどんどん増えてくるともうおわかりのようにチームの多様性が増して少し劣る2軍、3軍が発生するので、いろいろな仕事のやり方が組織のなかで存在するようになり、これを段階3とします。

ここから平等社会と階層社会の逆転がはじまります。先ほどまでは第8章で述べた内容を別の角度で再整理したものです。

階層化社会なら最初のαが特権階級になっているので、自分に気に入らないチームを解散させたり、より自分の趣旨に近いチームを昇格させたりします。よって成功者のパターンの継承者が生き残って主流になり、全体が悪くなることに歯止めがかかります。もっとも特権階級が暴走して独善的になる傾向はあります。これはただ長い歴史の反省から、独善的傾向のある人をＴＯＰにしない仕組みのような複数の抑止方法が整備されているようです。

逆に平等社会だと真似しづらい特性（例えば博愛、平等など聖人君子的な行動パターン、ユーモア、悪ふざけなどゆらぎを作るパターンなど）を真似しなかったチームのほうが多数となり、平等で多数決ということになったりします。すると2：8の法則のせいで人数比が逆転しているためαのやり方を否定し始め、最悪追い出しにかかったりします。ここで実際にαの追い出しに成功してしまうと、本当に継続的に成功し続けるチームがいなくなるため、組織が崩壊方向に動きだします。

また、この段階3では個人レベルでも問題があります。平等な社会だと、成功している人がいるとその同僚に同じような成功をしろという精神的圧力がかかります。しかもオリジナリティを求められると成功している人の真似すらできなくなります。ある複雑な環境で最適な動き方はだいたい1つしかないので、真似しないと成功は相当難しいのに、これではお手上げですよね。その結果成功している人がいないというような妄想に逃げ込んで、成功者を孤立させたり、追い出しにかかったりということが起こってしまうようです。最悪な例でいうと自分より成功している者同士を不和にさせて争わせ、両方とも追い出すとか起こりかねません。

09-04 大転換の必要な時

脳に焼き付けられた成功パターンはコンピュータでいうならソフトウエア、プログラムなので、脳のソフトウエアの話でいうと能力の真の平等はありえず、たまたまいい行動パターンを学習した人や、チャレンジの繰り返しによる改善の定着に成功した人に他の人はなかなか対抗できません。これでは社会の多くの人が不満を抱いてしまうので、少なくとも学習やチャレンジの機会は平等にしようというのが、自由平等社会でした。それを結果や権利までも平等にしてしまっていると今度は本当に能力のある（有用な脳内ソフトウエアを多く持っている）人たちが不利になるという本末転倒に陥っているのが、現代の安定を重視した平等化社会の難点となってしまっているのかもしれません。組織がうまくいっている時はこの安定を重視した動き方でも支障はないのです。しかし意識して逆バイアスをかけないと、ピンチを迎えた組織が意気消沈する空気のなかでそれが正しいという負の多数決につながります。そういうなかでも頑張って逆転しようとしている人を喪に服させてしまい、数少ない成功例も繰り返し実行できる芽を摘んでしまう可能性があるのです。

　これもいつものように理解できれば排除できるのですが、皆に理解させないと多数決で負けてしまうというのが厄介で、全員に意識改革教育を徹底することが重要になります。また次の章で示す最終的な方策を優先するほうが良いと思われます。

なんにせよ、成功者に対する誤解で彼らの優れた部分を評価できず、逆に失敗だと思ってしまうのが凡人である我々の情けなさです。成功した人が慢心してぷらぷらしているのではなくて、実はぷらぷらしているうちに情報を収集して、時代の先を見抜いて一歩先を行く行動をしているから成功しているのかもしれないのです。つまり普段から結構ぷらぷらしていることに意味があったりするので解釈困難です。いや私などは本当に意味なくぷらぷらしてしまうので、私みたいな〝単なる暇つぶし〟なのか成功者の〝調査→瞑想・思索→革新行動〟なのかは実に見極めにくいのです。正に鞄持ちくらいしか、それも何年も付き添った人しかわからないかもしれません。おわかりでしょうがこのぷらぷらする部分だけを真似してしまうと、本当の劣化型（いつもぷらぷらしているおじさん）になってしまいます。

＊＊＊＊＊＊＊

すいません。もうちょっと真面目な例を挙げておきましょう。冒頭の宇宙開発プロマネ、Wさんの行動で、最初わかっていないふりで拙い内容をホワイトボードに書いて皆がやる気を出したら聴き役に回るというのを真似し損なったとします。最初聴き役で、最後にホワイトボードに書くとしたらどうでしょう？〝わかっていないのに口出しするのは失礼で失敗しているし、最後に俺がまとめるべきだ！〟という考えですね。でもこうしてしまうと最初難しそうで引いている人たちを乗せること（アイスブレーク）に貢献していないし、最後に手柄を持っていく感じになってしまうので、皆やる気を出すどころかがっかりしてしまいます。

一般にはどんどん時代の先を進んでいくカリスマ経営者に部下がついていけず、しぼんでしまう例などがよく語られていると思います。時代が情報化社会となったせいで、彼らに近づく努力が今後ますます必要となってきます。少しずつ改善を試みていきましょう。また、成功者を追い出してはダメです、絶対。

休けい所　トレーニングすると目が鳴るんです

本書の考え方を進めていくと人間はコンピュータやメカみたいなところがあり、その性質をうまく生かすと人生がより前向きに過ごせるということになります。私は、コンピュータやメカにまつわる問題点をこの数十年間解決する役を続けてきたので、メカなどの調子が悪いと少なくとも解決方針はなんとなく見える人なのです、無意識に。そこで体調が悪くなってきた数年前に、自分という〝生体機械の不具合〟としていつもやっている不具合対策のように取り組んでみようとしてみました。

そのうちの1つが第3章の認知限界で紹介した脳トレなのですが、他にも手を出しています。この年だと当然、目が老化→老眼化してきます。私は乱視も含めて、眼鏡が離せない状態になってきていました。目のメカの不具合なら、誰か神のような人がインターネットなどに上げてくれていないか調べてみました。自分の製品の不具合の専門性が高くて難しく、途方にくれた時によくやる方法です。この時見極め能力を発揮して、まともそうな記事を見ると、いろいろトレーニング方法（目トレといっておきましょう）が書いてあります。でも世の中直せている人の方が少ない（メガネ市場は活況）という証拠もいっぱい見つかります。これは直せるが難しそうだと感じました。

そこで本になっているのを買って実践してみました。脳トレで慣れるまで数か月かかったので、継続してやってみました。ある時、普段夕方目がショボショボするのが軽減していることに気づきました。目トレの手を抜くと悪化します。なんだ、相関あるじゃないかということに気づいてさらに継続すると、1年以上もかかりましたが、なんと老眼が改善してきたではありませんか。同時に奇妙な現象が起きました。確かに目トレを最初に始めたころはなかったことなのですが、目トレのためにグッと力を入れて目の視野の端ぎりぎりを見ると〝ばきっ〟とか〝ぶつっ〟とかその周りの筋肉から音がするようになったのです。それも最初は一部だけだったのが、段々周り中どこを睨んでも音がするようになってきました。

おや、筋トレのストレッチ不足の時にその筋肉を動かすと音がするのと同じような音です。なんだ、これ？　目の筋力不足？　ストレッチ不足か？

今や音がしないとトレーニングした気にならない状態です。老眼鏡も使わなくなってしまいました。視力は全盛期の7割程度には回復しています。

つまりトレーニング方法というよりその強度が問題で〝筋肉が傷んで音がするくらい〟でないと効果がないようなのです。目トレに慣れないと、その力いっぱい睨みつけることができないので効果が上がらないいんですね。脳は使い慣れていたので数か月だったのですが、目トレは今まで一度もやっていなかったので、ちゃんと効果の上がるまでに数年時間がかかったようです。トレーナーにとって脳内で当たり前なので語られないやつの1つですね。ただしひどく疲れたりするので万人にお勧めかというと、やり方は自己流では危険かもしれません。

そのようなことから一日一度は親の仇を見るような力の入れすぎの目でトレーニングシートを睨みつけたり、まわりを見まわしたりしている自分がいます。もし見かけたらおかしい人と思わずそっとしておいてやってください。

やはり衰退とは馬鹿っぽいことをやれなくなるから発生するのかもしれません。

他にもいろいろ変なトレーニングを実行中なので、また機会があればご紹介させていただきます。

第10章　豊かさの裏側と世界の循環の改善

――人はどうしてもやりたい大きな目標がある時にだけ、自然と他の人と協力する生き物である。成功失敗を繰り返すスパイラルから抜けるため、常に戦略的な大目標を立てよう。

地球温暖化対策、砂漠化対策、少子高齢化対策、宇宙発電所、宇宙進出、既にやり終えてなくてはいけないことはいくらでもある。やれていないのは我々の心が貧しいにもかかわらず、豊かであると誤認しているからである。

10-01　豊かさの誤認識による衰退

これまでの話から社会の仕組みの一端が見えてきたかもしれません。少し抽象的かもしれませんがまとめさせてください。結論からいうと、人はどうしてもやりたい大きな目標がある時にだけ、自然と他の人と協力する生き物であり、目標のない豊かな社会は衰退方向に向かうようです。現状をさらに前向きに進める目標を設定し、努力し続けなければ世界は停滞したり、後退したりしてしまうのではないかというものです。

現在我々の当座の目標は、2020年の東京オリンピック・パラリンピックですかね。その次は地球環境の改善と宇宙への進出でしょうか？　そこまではできそうにない⁇　だからこそ目標にできるのです。今の我々では足らない、そこまで我々は心が豊かでないと感じることによって。

実は本書で紹介した理想的なチーム⇕ダメなチーム、うまくいっている状態⇕阻害されておかしくなっている状態、などの対立はすべて1つの軸で整理できると考えています。それは自分たちが豊かであるか、そうでないかです。

つまり自分たちが達成したい目標に対して貧しい・足りない（全然まだまだだ！）と思っているか、豊かだ・余裕ある（楽勝！）と考えているかどうかで仕事の進め方など活動の方針が極端に分かれる傾向があります。

自分たちがまだまだ不十分だと思っていると、気に入らない人とも協力してやらねばと思うし、一番効率的な方法を追求しなければゴールに到達できないという思いから、仕事をその方向で改善する傾向が強まります。したがって理想的なHベースモデルの状態に自然に近づいていきますし、仲良くうまくいく状態になろうとします。

逆に自分たちには楽にできる仕事で余裕が一杯あると思っていると、自分の好きな方法でやりがちになります。端的な例を挙げると仲良しクラブの内輪で処理をしてしまいます。第1章で説明した少し欠落のあるベースモデルを超えてしまい、全員HベースモデルのCタイプとか、あるいは全員Bタイプのチームで仕事を進めようと試みます。得意な部分は専門家が集合しているので凄く輝きを見せます。一見素晴らしいチームに見えるのが災いしてそのまま維持されることもあるのですが、時が経つにつれて問題点が判明してきます。けっきょく不得意な部分がうまくできず効率化はおろか処理することすら滞ってきてしまうのです。この不得手な分野を〝買ってきて〟済まそうとしたり、ひたすら先送りしたりしてしまうので、外から見ると自立できない幼稚な集団と段々扱われるようになってきます。

このパターンに陥ってしまった大きな組織の状態が、よくメディアで驕りの気持ち・甘え・怠慢など精神論にすり替えて報道されてしまうのですが、実際は違います。悪意や恐怖ではないのです。豊かさを実感するために、自分たちの心の平穏を求めて自分たち内輪に最適な方法を追求したにすぎないので、なんの害意もありません。むしろ平和を求めた結果ですらあります。

世の中すべての平均値から見ると圧倒的にずれているのですが、多様性、複雑化に敗北している人々は外に目を向ける余裕を失っているのが特徴なので、なかだけを見て〝均質で仲の良い集団で問題ないじゃないか〟と考えます。おかしいということに気づくことはできないのです。前記のずれはベースモデルの人格の例で説明しましたが、なんとか村とか、内向き志向というような表現をされる集団はこの特徴を持っていると考えています。外部の変化についていく必要がないと考えて外界と合わない行動を続け、合わないために内部の留保を使い切ってしまいます。無駄遣いとは思っていないのです。それを使い切りそうになって精神的に追い込まれるとパニックに近くなり、それゆえ普段から慣れ親しんだやり方（つまり今のやり方）に無意識に戻ってしまうため、余裕を使い切ってしまっても行動としてはまったく変化しないということになります。自分たちでは手の打ちようがなくなってしまいます。

したがって第9章までに示した成功パターンを持ち込む前提として、全員の外界に対する実力不足を痛感させる必要があります。危機感を抱かせたり、ベンチマークでライバルと比較したりして、自分のどこが劣っているか明確に実感できないと、この〝内集団への精神的逃避〟をやめさせるのは容易ではありません。ダメなものはダメだと納得、腑落ちさせることが最重要なのです。

例えば私がデータセンターのチームに苦労した話をしましたが、その時に感じた違和感は個人主義だけではなく、彼らの仕事が〝やっつけ仕事〟で後は野となれと考えているのではないかと感じたこともあったのです。

これも何か月か分析した結果、以下に挙げるものが原因と考えました。

（1）ＩＴ業界は非常に難しい技術が必要なので、参加するメンバーはさまざまな現場から引っ張りだこである

（2）また、短期でコンピュータシステムを作ることが求められる

（3）よって各メンバーはある現場に長くいる人は少なく、有能な人ほど数か月、ひどい時は数週間で現場を渡り歩いている

（4）このことから仕事ぶりがどうしても、その現場にある仕事を〝やっつけて〟次に行くという考えになってしまう

10-02 世界の循環

前記と少し違う例かもしれませんが、アメリカに昔プロの開拓者という人たちがいたそうです。未開拓の北米大陸を東から西の果てまで順次開拓・開墾して、人が住めるようにしてそこは捨てて、先の未開拓地に行くという職業的西部開拓者です。未開の地をどんどん良くしていくロマンにあふれる仕事だと思います。私のITチームのメンバーも同じ状態です。仕事は無限にあるので細かいところは気にせず、先に進もうと考えています。忙しいながらも次々とシステムを作る喜びから楽しそうで、でも細かいミスは笑って許して!(東京と大阪のコンピュータ名を間違えるとかですね)という〝やっつけ仕事〟をしていたのだと考えています。ある意味自分のラジオ少年時代を見るようでした。

しかし、私はそのデータセンターでは前記の考え方はダメだと確信していました。私のセンターは800台もコンピュータがあり、顧客の会社の業務の中心となっていました。ITが楽しいパソコンの延長で、IT少年たちの玩具だった時代は終わりつつあり、会社の業務推進の中心、あるいは社会の公器、日本になくてはならないものとなってしまっている現状が既にあり、一瞬も止まらず動き続けメンテナンスもしやすいというような、信頼性が極めて高いことが重要になっていました。〝やっつけ〟など許されるはずがなかったのです。現場の作業を仕切るお客様の担当も、昔スペースシャトルの運用実験中に管制室で出会ったＮＡＳＡオペレータ、スタッフ並みの緊張感を持って日々作業をされており、前述したとおり再発防止を含めて非常に厳しかったのです。

そこである事故の後全員を集めてやった最初の教育は、前記を30分くらいかけて説明し、正しい考え方を全員に伝えていなかったことを詫びたうえで、欠けている高信頼性化技術を教え、それを代表するものとして宇宙・製品開発者の考え方、動き方の基本をＮＡＳＡや自分の工場の教本から引用して伝授することでした。私自身が会社に入って一番足りておらず、勉強させてもらったと思う部分を提供したのです。そのうえで社会インフラとしてのＩＴをドライブするチームになろう、高信頼性組織と呼ばれる存在になろうと呼びかけたのです。そうしたところ、皆の目の色が変わったのです。

各チームで自発的に改善活動を行うようになり、嬉しいことにチームの目標を〝高信頼性組織を目指す〟としてくれるところも現れました。急速に品質の指標（作業の失敗率）が改善し失敗が数か月で半分以下にもなりました。

彼らは自分たちが実力十分と思っていたのに、高信頼性システム構築に必要な基本をまったく知らなかったことに気づいたのです。* 次々やらされる高度なシステムをその場しのぎで対応する状態で、その多様性に敗北していて他のことができておらず、時代の流れ（信頼性も重要!!）を読めていなかったことも納得したのです。その何も知らない、できていない＝ゼロ、という貧しさのなかから急速に改善が進んだのだと、今になって考えているところです。

この話を一歩進めると、世の中全体の大きな循環もある程度説明できるようです。

今までの話を社会全体に広げてシミュレーションしてみましょう。

貧しい社会では人は助け合い、寄り添って生きています。そうしないと生き残れないからです。このなかで成功パターンを見つけた人々が社会を発展させます。そうして豊かになってくると少し様子が変わってきます。助け合い、寄り添う必要がなくなるので、ある意味皆独自の方向性を向いていきます。多様性の発生です。

どんどん豊かになると、食い扶持を稼いだりするのに汲々とする必要もまたなくなるので暇になってきます。するとさらに変わったことを追い求める人も出てくるので多様性が加速します。

貧しかった時はやれなかった夢の実現です。大いに結構なことなのですが、ひとつだけ問題があります。人間の知能の処理能力には既に述べたように限界があるので、多様性が進み8パターン以上の生き方の人が集まると同時に、全員の都合が合うように考えることが不可能になるということです。そこで一部を無視するという行為が始まります。無視された側も当然無視した側を敬遠するので、多様な集団のなかに互いに無視する集団が発生し、お互い仲良くとはいかなくなってきます。分裂するわけです。

分裂した集団同士は無視している以上さまざまな局面でぶつかるのでライバル関係となります。このようにライバルが発生すると分裂により豊かさが後退し貧しくなるので、そのうち集団では多様性ではなく均一化が進み仲良くなります。これが競争する組織の構図でしょう。でもそのまま豊かになっていくとまた、その内部の多様性が限界を迎え分裂を起こします。この構図を拡大しながら繰り返していくことになります。豊かになればなるほど多様性が増えるので分裂し続け、互いの理解が難しくなってきます。実際は分裂した2つ先3つ先ではほとんど同じ考え方の集団があるかもしれないのですが、互いにライバルに囲まれていると連絡がとれないので分裂状態が継続します。全体が仲良く動いていたところに比べれば、大きな行動を起こそうとすると周りのライバルの反対、牽制にあい、衝突を起こすので動きが非常に遅くなっていきます。

この状態で大きな環境の変化が起こると動きが鈍くなって停滞しているうえに、互いに理解しあえない集団は協力できなくなってきます。したがって豊かさを極めたある組織、社会構造は天災時に弱点が露呈して機能不全になったり、成長したあまり豊かでないライバルに蹴落とされたり、外敵に侵略されたりしてついに崩壊します。

崩壊した大会社の研究によれば、崩壊した会社は必ず一度栄華を極めたという特徴を例外なく持っているそうです。

10-03 正しい世界構造と大目標の設定

大組織を分裂させないために派閥的な多数決、強権的手法、恐怖政治的な手法が方便として用いられることもありますが、その仕組み自体が多様性を否定するため長続きせず、革命的な手法でこれもいずれ崩壊します。これは〝無理押し〟のことです。停滞段階では諦めという脳内プログラムを持つ人が増えていき、繁栄する時期をどれくらい延ばせるかという消極的な組織目標に変わっていきます。これは〝既にずれている成功パターンの維持〟です。繁栄する＝停滞するので、成功者は全体の2割にまで落ち込み、時代には影が漂っています。その状況のまま雪隠詰めになっていきます。

しかし、一度実際に崩壊すると貧しい状態になります。そこでまた人々は均質化し、助け合い、寄り添って生活します。このなかで成功パターンを見つけた人が社会を発展させ……と同じパターンが同工異曲で繰り返されるのかもしれません。

ただし、インターネットで結合された今の世界では、崩壊や再発展が周りを巻き込むため、より大きくなってしまったり（金融危機など）、逆に崩壊できないがゆえに低迷したりなどが起こっているかもしれません。なんにせよ防ぐ方法が重要でしょう。

この繰り返しを防ぐにはここまで述べたあらゆる対策が必要ですが、重要な2つのポイントがあると思います。

①豊かになっていく際に認知限界の数を意識して組織をピラミッド状にする

多様性を許容する際に数の限界を設けて意識的にシステム設計し、例外を許さないこと。これは多様性を否定するのではなく、認知限界数（隣りあうご近所の数）を7以下にするように組織やコミュニティを階層型にすればよいはずです。

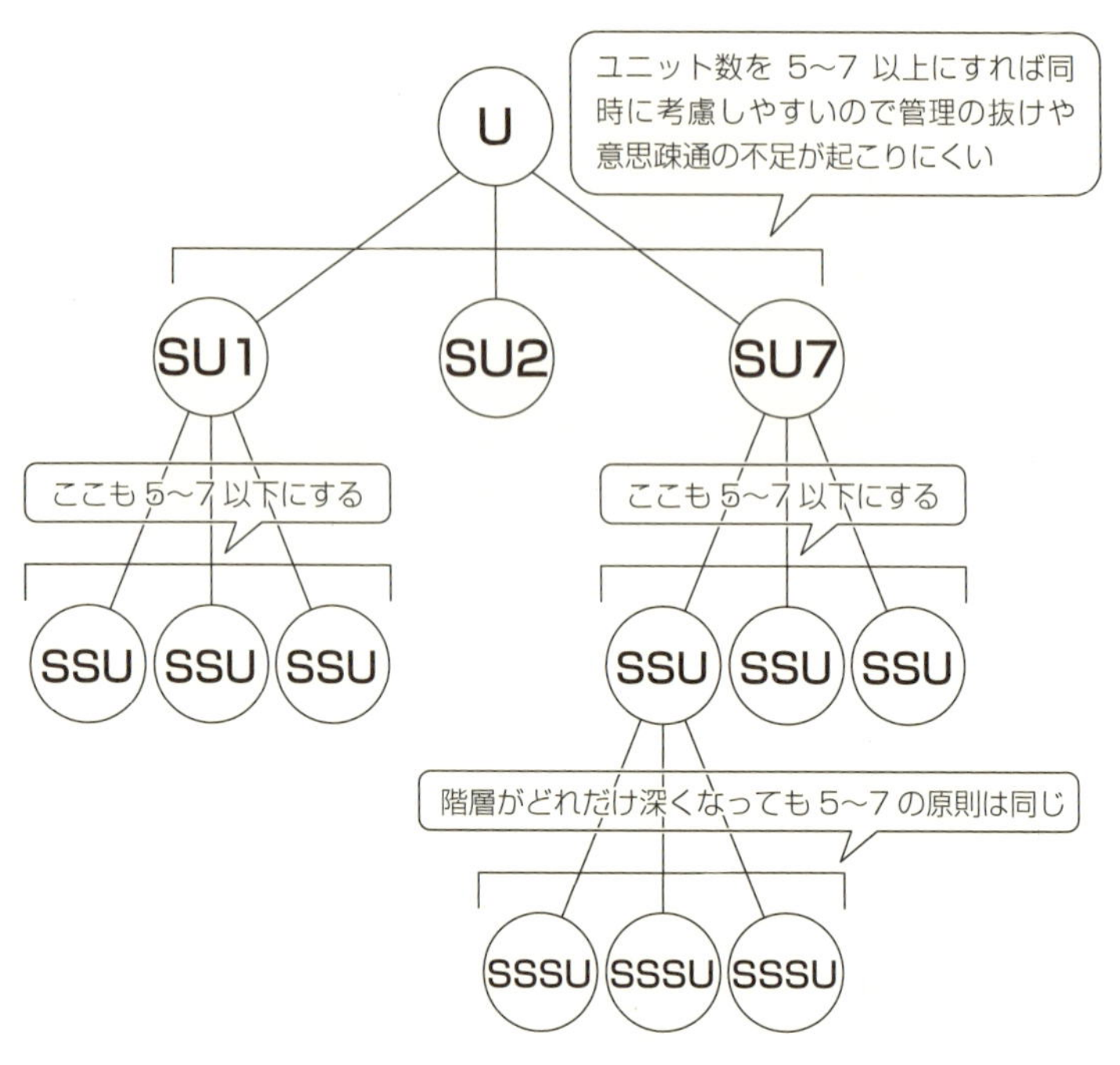

図 10-1　組織の組み方(再掲載)

コミュニケーションの構造を管理することで、そのユニットやサブユニットが周りのユニットを無視して意思決定をすることを防ぐことができます。限界数を超えている時、あるユニットの存在を無視して意思決定をしていること自体を、意思決定者が気づけていないので構造で回避するしか手段がありません。ピラミッド構造の正しい作り方を守りましょう。

これで組織をさらに発展させる道が開けます。従来この意識的に階層化する手法を取った組織もあるのですが、可視化の手法がなかったため、組織の構造のどこかで隣接数の限界を超えるコミュニケーション関係を作り出してしまい、そこが原因で分裂→停滞→崩壊していったのではないでしょうか。隣接数の限界を超えるコミュニケーション、リンクをHモデルで可視化して見つけ出し適切な形に改善する。これがメビウスの輪から抜け出る方法であるのかもしれません。逆に酷い例では複雑さに敗北すると構造化をあきらめて図10－2のようにしてしまうことがあります。

仕事が増えたある組織の例ですが、中心人物しか頼りにならないとばかりに、部下を一杯つけてしまうのです。この下側の構造だと中心人物Mは認知限界から周りの人の意見を同時に考慮することがまったくできないうえに、すべての情報が集中して常にあっぷあっぷになってしまい事実上機能しなくなってしまいます。中心人物が人間では不可能という意味をこめて千手観音型組織と呼んでいますが、この形になっている組織例は珍しくありません。よく破綻した組織の長がなぜか組織がこうなっていたと陳述しています。

日本でいうと今のままでは無理で、道州制に分けようという動きに私はHモデルの観点

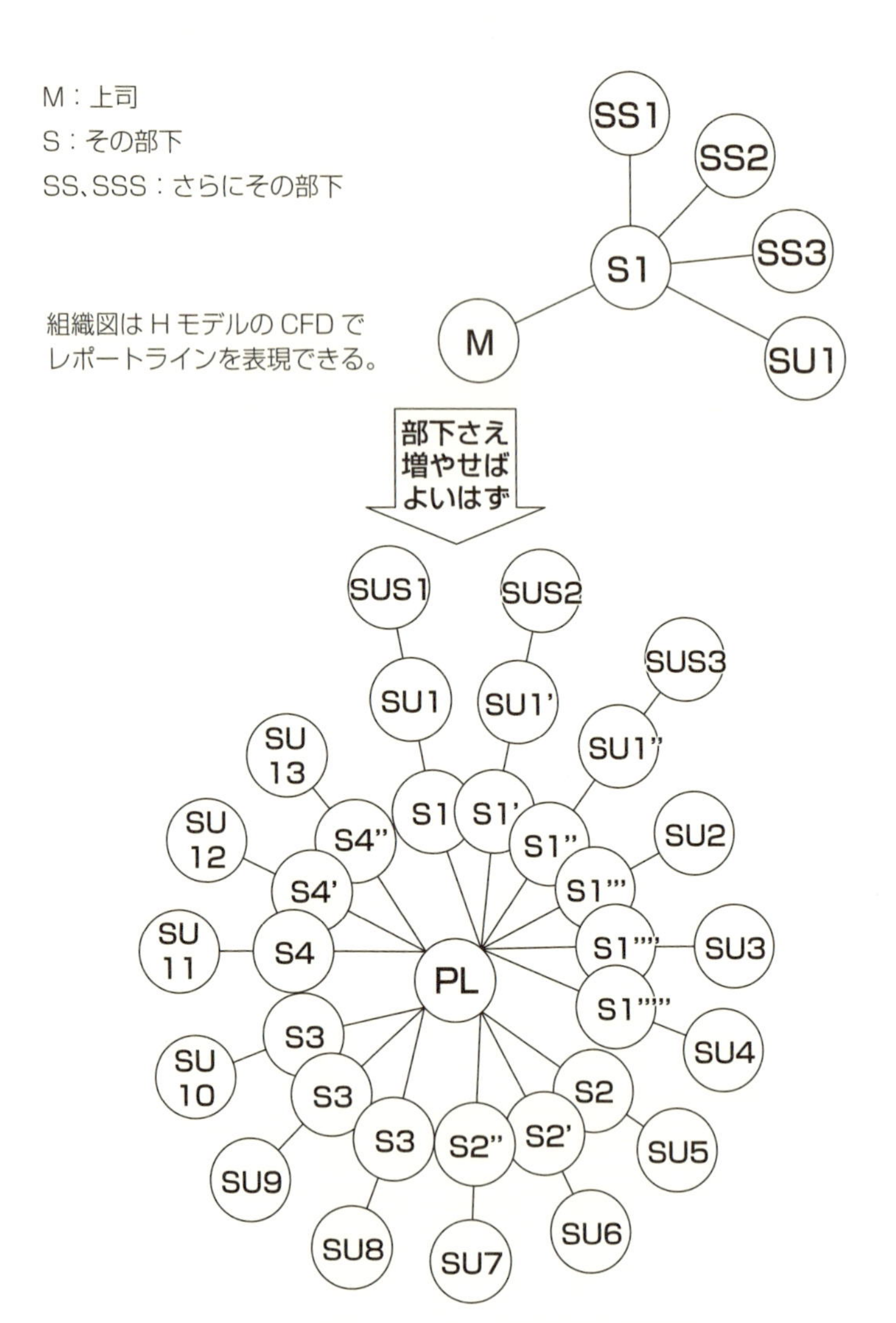

図10-2　禁止すべき例　千手観音型組織（再掲載）

から非常に同意しています。

先ほどの困難な状況になった千手観音型の組織において一致して進むことは意見が多様すぎて難しくなり、実行できなくなった大きな目標の代わりに、自分の理解できるローカルコミュニティの発展という小さな目標に掏り替わります。家族・自分の部署・会社などですが、そのローカルコミュニティの利益最大化という形が多く、そこが良ければ良いとなります。さらに多様性への敗北の度合いがＴＯＰにとっては極限まで高まるため、自分1人が良ければ良いとなりかねません。これが脳の成功パターンとして焼き付いてしまうと自分で意識できなくなり、自分さえ良ければ自分のコミュニティは大丈夫と無意識に考えて行動する、独裁者的なリーダーとなってしまう可能性があります。正しく役割分担された周辺の取り巻きによる諫言、協力がリーダーには欠かせません。

②飽和を防ぐため、大きな目標を設定し努力する

これは、綺麗に階層化しても今度は構造がミクロすぎるため、全体が同じ方向に進めないという問題が生じます。これに対して歴史的にも大きな目標を設定することが必要になります。

いい例を挙げると、アメリカの宇宙開発は〝10年後に人類は月に立っている〟という一見とても無理な目標を設定しています。それを実行するには自分たちがいかに貧弱か、参加したスタッフ、クルーは当初痛感したのだと思います。よって人々は貧しい状況では一致協力し……という成功のループが回ったのです。

日本の高度成長期も、焼け野原から20年で世界に追いつき追い越すという無理無理なミッションでした。そこに〝協力〟が世界一得意な日本人がいて、ミクロな協力体制を積み上げ20世紀の奇跡を実現したのです。

ちょっと大きすぎるかもしれないので、手ごろな例で言うと、序章に挙げた2年後の5倍の規模のＳＦ大会開催。回路図も読めず、回路の意味もわからない少年のラジオ製作も、無理があるという点では似たようなものだったと言えるかもしれません。

本当に皆が正しいと信じられる大きい目標が設定された時、人間の集団は最高の能力を発揮するのです。

10-04 将来を見越した目標設定

今後の大きな目標ですが、例えば次のような話は語られないことが多いですが、ごく当たり前の話ではないでしょうか？

これから人類が大きく発展していくには地球に負担をかけすぎているので、その是正を行い、生態系の多様性を最大限に保全しながら地球の研究を進め、スーパーコンピュータのシミュレーションなど、ＡＩも活用して地球で居住可能な人口の最大値を見極めるべきだ。

それに対して人口の自然増がそれを追い越す日（Ｘデー）までに宇宙開発を実用的な移民ができる宇宙開拓にまで進化させ、地球を保全し新たな世界を開くため宇宙に進出しなくてはいけない。そうでないと人口増を人工的に制限する必要が出てくるため、戦争や争いが絶えない世界とならざるを得ない。今の世界はそれを見極めないまま闇雲に前哨戦として戦争や争いなど不毛な内輪もめを続けているのではないか？　そんなことをしている場合ではない。地球環境が回復不能なまで損なわれてからでは遅いからである。

このようなとてつもない目標を到達するために人間自身の生き方や仕事のレベルを向上する必要がある。年々寿命が延び仕事の芸術性が高まっていく現在、それを最大限利用して大目標に到達する戦略が重要である。今はその認識を高め全人類に広げる準備段階にすぎない。

この前段の話ができないとか、やめた方が良いという意見がよくあります。しかし、本書のなかで紹介したフェイント（時間稼ぎのための嘘）や迷彩（よくわからないことへの防壁）、多様な意見に敗北した無実行主義の愚痴という観点で整理すると、それらが本能の誤動作等による本意ではないノイズ（つまらない揉めごと）が大半であると判定できるようになりました。

人間は動物なので動かないとそれだけでおかしくなっていきます。動いて進むための大きい目標が絶対に必要です。前段の話に修正は必要かもしれませんが、動かず留まる話は人間にとって毒にしかなりません。何より新しい行動をしないと行動パターンは焼き換わらないので、どんどんその人自身が遺物になってしまいます。やめよう、留まろうという目標設定は自傷行為・自殺行為であるとすらいえるのです。

また、前記の大きすぎるストーリーが、巨大なものに対する本能の誤動作で見たくなくなることから、細分化されて流布してしまっています。地球環境のシミュレーションが重要とか、宇宙開発が重要とか、人口問題とか、１００年寿命社会とか言っているのですが、つながっているのがわかりにくいので意味不明なのです。

なんだかわからないので目先に目標を変更し、まず難しいことを考える前に日本の元気を取り戻すために、東京オリンピック・パラリンピックを成功させよう！　となるわけですが、元気を取り戻して何をする？　の大きな答えがないとまた閉塞していってしまいます。前回の高度成長期の正しい目標（世界に追いつき追い越せ）があった時と違って一時のカンフル剤にすぎなくなってしまうということです。

大きな戦略的な目標の周辺にはご紹介してきたように本能の誤動作等でフェイントや迷彩となり、真逆の方向性を示したり、意味のないノイズを纏った状態に置き換わった偽りの多様な意見が発生したりしています。これが偽りの複雑化、多様性の元となり、人々がそれに敗北して止まってしまうため、真に必要な物事の進捗を遅延させているといえると思います。

この偽りの多様性とそれに付随する事象を見極められる人々が増えれば、世界を早くより正しい方向に合わせて進めるようになるはずです。前記の正解が唯一の解ではないのかもしれないですが、これに匹敵するような大きな目標を据えられないと組織や社会、世界の安定的な発展は望めないと思います。先を見ようとする活動を是非進め、皆で力を合わせて新しい世界を開くプロジェクト活動を、新しい行動パターンを身につけて進めようではありませんか。

*日本の信頼性工学がはやったのは1960~70年代です。今流行は終わっているのですが、その当時からあった製品の技術にはしっかり組み込まれています。IT業界ではそんなカビの生えた話はいらないだろうということで、技術者に教えられていなかったのがその当時の実情です。本質は個人主義による（私も含めた）教育の低調ですね。今も危うい状態かもしれません。

終わりに

本書の分析は新しい常識のベースの一部として、人間をプログラムで動くコンピュータのようなものとして書いている部分が多いです。それは人間がコンピュータを自分に似せて作り上げたものではないかと考え、ソフトウエアも人の知能に似せて作った知能の再生産であるという仮説のうえでの関係性再整理でした。人の無意識をテキスト化したソフトウエアを整理することで、人の無意識の性質が朧げに見えてきた可能性があると思っています。

また、これらの紹介ができたことを光栄に思います。決して私1人で到達したポイントではなく、正に応援・声援・支援・引き回し・叱咤・激励・強制してくれた素晴らしいステークホルダー及びステークホルダーでない有志の皆々様の御蔭で一穴を空けられたとの思いであります。感謝申し上げます。

私は今まで宇宙開発をやっていた経験もあり、今後この活動を通じて世の中を良くしたうえで、人類を宇宙に近づける活動をしたいと考えています。人類は技術を既に持ちすぎ、地球をあっというまに飽和させてしまうので、恐る恐る活動しようというような意見まで出ている始末です。しかし、本書で述べたように、それは停滞と崩壊を起こす可能性のある、あまり安全・安心・未来志向とはいえないコースです。地球は砂漠の緑化や環境のコントロールで現在の数倍まで拡張可能かもしれませんが、やはり生態系を保持するためには、進んだ人類は外に出ていく努力をすべきであると考えています。そのような大きな正しい目標設定が我々には必要ではないでしょうか？　飽和する豊かな世界で人類は本能が誤動作しがちになり、いったん崩壊して、やり直す歴史を繰り返してきています。失敗の繰り返しと悲惨さを経験してしか進めない人類が良い姿といえるのでしょうか？　その先にある可能性を一緒に開きにいってみませんか？

ちょっと大袈裟になりました。まだまだ私にその実力はまったくありません。その方向で努力を重ねさせていただきたいと言い換えたいと思います。

＊＊＊＊＊＊＊

最後に種明かしをさせていただくと、この本は第1～4章が本書にでてくるＡＢＣＤそれぞれ向きに書いてあります。自分のタイプの部分から読み始める方が入りやすいかもしれませんよ。

また、5章はAB、6章全員、7章BC、8章CA、9章D（監督のほうです）、10章再度全員向けです。

自分にまったくないタイプの章は読みづらいかもしれません。他のタイプが何を考えているか、悩んでいるか知っておくことは仲良くなるため重要です。最後から読む方には謎な記述でごめんなさい。

著者プロフィール

原口 直規（はらぐち なおき）

1963年生まれ
大阪府出身　現在は神奈川県在住
大阪大学産業機械工学科修士
技術士（情報工学部門：情報システム・データ工学）

成功するプロジェクトの成功してしまう理由

2019年8月15日　初版第1刷発行

著　者　原口 直規
発行者　瓜谷 綱延
発行所　株式会社文芸社
〒160-0022　東京都新宿区新宿1－10－1
電話　03-5369-3060（代表）
03-5369-2299（販売）

印刷所　株式会社フクイン

ISBN978-4-286-20749-0